TATSACHEN

Nr. 49

Bernd Stephan

Mord und Totschlag in Sachsen-Anhalt

TAUCHAER VERLAG

*Stephan, Bernd: Mord und Totschlag in Sachsen-Anhalt/
Bernd Stephan
1. Aufl.- [Taucha]: Tauchaer Verlag 2012
ISBN 978-3-89772-208-8*

*© 2011 by Tauchaer Verlag
Gestaltung: Hans-Jörg Sittauer
Satz: Tauchaer Verlag
Herstellung: Neumann & Nürnberger Leipzig GmbH
Druck und Verarbeitung:
Westermann Druck Zwickau
ISBN 978-3-89772-208-8*

Inhalt

Das Massaker in der Grafenburg 7

Meuchelmord im Schwabengau 23

Das Ende eines Unholds 32

Busso von Alvenslebens Verhängnis 40

Übles Treiben an der Saale 45

Ein Prinz im Blutrausch 53

Die »Betsäule« muss sterben 65

... und noch mehr Mord und Totschlag 72

Bibliografie 79

Das Massaker in der Grafenburg

DASS DER SÄCHSISCHE Markgraf in Anerkennung ihres zähen Widerstands sich mit ihnen verständigen wolle, erfüllte die Zupane mit Genugtuung. Denn anders konnten sich die slawischen Stammesoberhäupter, die Mitte September des Jahres 939 durch die ostelbische Niederungslandschaft ritten, seine überraschende Einladung nicht erklären. Keiner von ihnen ahnte, welch einem Irrtum sie erlagen.

Eine Notwendigkeit zu diesem Versöhnungsfest lag vor. Seit nämlich Otto, der König der Nemitzenvölker, 937 den Edling Gero zum Markgrafen für das Gebiet an der Mittelelbe und Saale bestellt hatte, war es an den Flussgrenzen der slawischen Stämme nicht mehr ruhig zugegangen. Dass immer wieder sächsischen Heerhaufen ins Land der Elbslawen eindrangen, war eine sichtbare Auswirkung von Geros Bestallung gewesen. Wie es schien, kannte der neue Markgraf nur ein Ziel: Die vollständige Unterwerfung aller slawischen Stämme bis zur Oder. Um die inzwischen gewonnenen Landflecken im Griff zu behalten, war Gero jedes Mittel recht. Denn wohin immer der Fuß eines sächsischen Waffenknechts trat, folgte ihm ein eifriger Bekehrer, der den besiegten Wenden die Zwangstaufe brachte. Mit der Bekehrung der heidnischen Slawen zum Christentum sollte die Unterwerfung gefestigt werden.

Natürliche nahmen die Slawen diese Bedrückung nicht einfach hin, sondern griffen ihrerseits zu den Waffen, um Gleiches mit Gleichem zu vergelten. Während ostwärts der Grenzflüsse sächsische Kriegertrupps die slawische Bevölkerung drangsalierten, brausten slawische Reiterhorden wie das Hochwasser im Frühjahr über das Grenzland am linken Elb- und Saaleufer hinweg. Auf ihren struppigen Pferden jagten sie in die sächsischen Dörfer, raubten die Gehöfte aus, steckten sie in Brand und verschwanden nach Verrichtung ihres Zerstörungswerks ebenso schnell, wie sie aufgetaucht waren.

Zwangstaufe unterworfener Slawen in Anwesenheit des Markgrafen Gero.

Am linken Ufer der Grenzströme waren die wendischen Plünderer zu einer Landplage geworden, am rechten die sächsischen Eindringlinge. Und für den Grafen Gero, den König Otto I. mit der Unterwerfung der Slawen beauftragt hatte, sollte es noch schlimmer kommen. Denn nun, da die Wenden jenseits der Grenzströme Fuß gefasst hatten, wollten sie sich nicht länger mit örtlichen Raubzügen begnügen, sondern die sächsische Zwingherrschaft gänzlich beseitigen.

Vor allem die Heveller erkannten die Gunst der Stunde und holten zum Schlag aus. Gerade nämlich hatten sie die Brennaburg (*Brandenburg*), die zehn Jahre zuvor von König Heinrich I. erobert worden war, wieder eingenommen. Die Besatzung der sächsischen Zwingburg und sämtliche Christenpriester waren von ihnen niedergemetzelt worden.

Der Fall der Brennaburg hatte Markgraf Gero, der vordem ein Edling ohne Bedeutung gewesen war, völlig unvorbereitet getroffen. Jetzt musste er es auf Biegen und Brechen schaffen, die Wenden ins Joch zu zwingen. Gelang ihm das nicht, dann konnte er auf alles bisher Erreichte ein letztes Gebet sprechen. Gero beschloss daher, dem unerträglichen Zustand ein Ende zu bereiten. Er, der ärgste und grausamste aller Feinde der wendischen Stämme, erbot sich, ein Versöhnungsfest auszurichten. Den Elbslawen erschien es zwar wie ein Wunder, dass man sich fortan nicht mehr gegenseitig die Glieder abhacken, sondern die Tage in Eintracht verbringen wolle, aber so eine Zusammenkunft war gleichwohl ein wichtiger Schritt zur gegenseitigen Annäherung.

Zu dem Fest hatte Markgraf Gero 30 wendische Oberhäupter eingeladen – Stammesfürsten der Heveller, Sorben, Daleminzer, Milzener, Sprewanen, Lusizer, Nisanen, Ploni, Neletici, Zerwisti und Morizani. Und alle, die er eingeladen hatte, waren dann auch zur Wjetsche (*Versammlung*) erschienen, wo sie beratschlagten, was sie tun sollten. Es gab unterschiedliche Meinungen, aber einig war man sich darin, dass man die Einladung des Markgrafen annehmen müsse.

Zur Zeit der Slawenkriege: Burgwacht am Grenzfluss.

Nur Czisibor, ein Zupan der Lusizer, schätzte den Sachverhalt anders ein als seine Stammesbrüder. Im Gegensatz zu ihnen schloss er sogar einen blutigen Ausgang des Gastmahls nicht aus. Doch er mahnte vergebens, man hielt ihn für einen Schwarzseher ...

Umklappert von Hufgeräuschen, ritten die slawischen Zupane und ihre Begleiter zur Geroburg. In die Geräusche des Hufgeklappers mischte sich das Knirschen des Lederzeugs, das Klirren der Zaumketten und das Schnauben der Pferde.

Czisibor ritt am Ende des Zuges. Nach wie vor misstraute er den Sachsen und witterte einen Hinterhalt. Ungewöhnlich erschien ihm nicht einmal die Zusammenkunft selbst, sondern der Ort, wo sie stattfinden sollte, nämlich in der Grafenburg Geronisroth am Rand des Harzgebirges.

Nachdem Fährboote die Zupane über den Elbstrom gesetzt hatten, ritten sie durch gewelltes Hügelland, wo es kaum Bäume gab. Je weiter sie jedoch nach Westen kamen, desto häufiger unterbrachen Waldstreifen das Landschaftsbild. Wenn das Hügelland den Blick freigab, dann sahen die Slawen in der Ferne jetzt auch das Waldgebirge des Harzes. Sorglos ritten die Zupane durch den Gau Suevon. Ihre Unbekümmertheit bedrängte Czisibor wie eine Dolchklinge. Immer wieder spähte er angestrengt hinter Bäume und Büsche, als könnten sich dort sächsische Krieger versteckt halten. Aber sein Argwohn schien unbegründet zu sein. Alles blieb ruhig.

Gernrode mit der romanischen Stiftskirche
St. Cyriakus am Nordostrand des Harzes.

Gegen Abend lag wie ein drohender Klotz die Grafenburg vor dem Reiterzug. Wer hier Einlass begehrte, musste zunächst einen Kreis um die Anlage reiten. Unwillkommene Gäste unterlagen somit dem Zwang, sich dem Tor so zu nähern, dass sie den Burgleuten ihre rechte, nicht vom Schild gedeckte Seite aussetzten. Jetzt freilich schwang das Tor sofort auf, damit sich die Ankömmlinge in den doppelt mannshohen Palisadenring begeben konnten. Innerhalb der Palisaden gab es ein steinernes Gebäude mit einem Rundturm und mehrere Holzbauten. Im Innenhof nahm der Burgvogt die Besucher in Empfang. Mit einer Handbewegung bedeute er den bereitstehenden Knechten, sich um die Pferde der Ankömmlinge zu kümmern.

Nun erschien noch ein Mann. Kein Mann, sondern ein Riese. Obwohl Czisibor den Markgrafen vorher noch nie gesehen hatte, wusste er auf Anhieb, wer da kam. Es war der Mann, bei dessen bloßer Erwähnung manchem Elbslawen ein Schauer über den Rücken lief: Markgraf Gero (*anthropologischen Untersuchungen zufolge besaß er eine für die damalige Zeit überdurchschnittliche Körperhöhe*).

Geros Auftritt entsprach dem Ruf, in dem stand. Er polterte die Treppe hinunter, die vom Hof aus zum Eingang des Steingebäudes führte, lärmte und begrüßte die Gäste leutselig. Noch zwei Jahre zuvor hatte dieser Mann, der jetzt mit der Markgrafenwürde prunkte, einen Streubesitz im Nordthüring- und Schwabengau verwaltet.

Wie Hatheburg, König Heinrichs I. erste Gemahlin, entstammte auch Gero dem Geschlecht der Grafen von Merseburg. Sowohl sein Vater Thietmar als auch sein älterer Bruder Siegfried waren enge Vertraute Heinrichs gewesen.

Zu Siegfrieds Obliegenheiten hatte auch die Grenzhut gegen die Slawen gehört. Als er dann jedoch 937 jung starb, glaubte Thankmar, der Sohn Heinrichs I. aus der Ehe mit Hatheburg, auf dessen Rang Ansprüche erheben zu können. Doch er sollte sich irren. Otto I., Heinrichs Nachfolger, überging seinen Halbbruder Thankmar und betraute den bis dahin unbekannten Grafen Gero mit der Markgrafenwürde. Nun erstreckte sich auch Geros Auftrag darauf, die zwischen mittlerer Elbe und Oder ansässigen Slawenstämme in Botmäßigkeit zu bringen. Und der Markgraf belohnte das Vertrauen des Königs, indem er diese Aufgabe mit aller Härte durchführte. Seine brutale Vorgehensweise gegen die slawischen Stämme mit dem Ziel ihrer vollständigen Unterwerfung war dann 939 auch der Hauptanlass für eine Erhebung derselben gegen die Sachsenherrschaft gewesen. Bislang war der Aufstieg des Markgrafen schwindelerregend gewesen, nun freilich gab es für ihn erste Schwierigkeiten ...

Nach der Begrüßung führte Gero die slawischen Zupane in die Burghalle, wo das Gastmahl stattfinden sollte. Auf dem Weg dahin bildeten etliche Burgleute ein Spalier – bewaffnete Burgleute. Stumm verharrten sie links und rechts der Gäste als eiserne Mauer.

Czisibor betrat die Burghalle als Letzter. In seinem Magen kribbelte es, als liefen da Massen von Ameisen durcheinander. Der Anblick der Bewaffneten wirkte auf ihn wie eine böse Prophezeiung. Auch der Blick, den Gero und der Burgvogt tauschten, bevor der Markgraf den Gästen voranging, entging ihm nicht.

Es war Festbrauch, dass jedermann, Gastgeber wie Gäste, zuvor ihre Waffen ablegten. So schnallten alle ihre Schwertgurte ab und brachten sie in einen Nebenraum. Natürlich wurde auf eine Durchsuchung der Besucher verzichtet, obwohl sich die sächsischen

Burgleute sicher waren, dass der eine oder andere Zupan unterm Mantel oder im Stiefelschaft einen Dolch verborgen hielt.

Unzählige Fackeln, die in Eisenringen an den Wänden steckten, erhellten die Burghalle. Bratenduft stieg zur Hallendecke hoch. Die im Burgsaal aufgebaute Tafel bog sich unter der Fülle der Speisen. Und der Markgraf hielt noch eine Überraschung für seine Gäste bereit. Denn als die Slawen den Burgsaal betraten, begrüßte sie jemand, den viele von ihnen gekannt hatten, ehe er vor einem Dezennium in Geiselhaft geraten war: der Sohn des Knäs Bacqlabics.

Nach der Eroberung der Brennaburg im Jahr 929 war jener Tugumir zusammen mit seiner Schwester und anderen Angehörigen des Knäsgeschlechts der Heveller in sächsischen Gewahrsam genommen worden. Wie man freilich gehört hatte, sei er derweil von den Nemitzen umerzogen und zum Christentum bekehrt worden. Sogar mit dem liudolfingischen Königsgeschlecht solle er familiär verbunden sein, da der frühere Thronfolger und nunmehrige König Otto seine Schwester geschwängert habe. Die Zupane fragten sich, was Tugumirs Anwesenheit zu bedeuten hatte.

Jovial lächelnd luden Gero und Tugumir die Gäste ein, sich zu setzen. Burgmägde erschienen und kredenzten Bier und Wein. Der Markgraf griff nach einem Krug und trank den Wenden zu. Steif wurden die ersten Krüge geleert. Die Mägde schenkten neue Getränke ein, immer wieder. Die Zeit verstrich. Allmählich wurden die Gespräche freier und zotiger. Fäuste krachten auf die Tafel. Krüge klangen so heftig gegeneinander, dass das Bier überschwappte. Die ausgegossenen Getränke bildeten Lachen auf der Tafel und tropften stetig auf den Fußboden.

Czisibor tat nur so, als trinke er. In Wirklichkeit nippte er von den Getränken. Seine Aufmerksamkeit galt dem Fortgang des Zechgelages. Ein Teil der Zupane war bereits sturzbetrunken. Es würde nicht mehr lange dauern, bis sie von den Bänken kippten. Es mochte jetzt ungefähr Mitternacht sein. Unauffällig beobachtete Czisibor den Markgrafen am anderen Ende der Tafel. Gero, Tugumir und der Burgvogt steckten die Köpfe wie Verschwörer zusammen. Weil der Burgvogt soeben zu ihm hinstarrte, beschloss er, so zu tun, als sei er gleichfalls stockbetrunken.

Der Zupan der Lusizer spürte ein unangenehmes Kribbeln im Nacken, während er aus den Augenwinkeln die drei Männer weiter beobachtete. Wieder tuschelten sie miteinander. Die Spannung im Burgsaal schien bersten zu wollen. Czisibor tastete nach dem Dolch in der Lederscheide unter dem Gewand. Zumindest hinsichtlich dessen hatte er Vorsorge getroffen.

Gleich darauf stand Tugumir auf, schlurfte zur Hallentür und verließ den Burgsaal. Was dann geschah, überraschte die zechenden Zupane völlig. Unvermittelt flog die Tür wieder auf, krachend, mit Getöse. Gestalten mit gezogenen Schwertern quollen herein wie eine Flutwelle. Gero und der Burgvogt hielten plötzlich ebenfalls Schwerter in den Fäusten. Vermutlich waren diese unter ihren Umhängen versteckt gewesen. Die Zupane zuckten zusammen und starrten entgeistert auf die Bewaffneten, die den Burgsaal füllten. Ehe sie überhaupt begriffen, dass jetzt kein Gastrecht mehr galt, zerfetzten Schwertklingen ihre Glieder. In einem Hagel von Schwerthieben sanken die ersten Wenden zu Boden und wälzten sich in ihrem Blut. In den Augen der Wenden lag das blanke Entsetzen, ihre Muskeln waren wie gelähmt.

Kaum einer von ihnen war imstande, sich zu bewegen. Die Burgknechte umringten die Tafel, ihre Schwertklingen hackten in die Körper der Gäste, aus denen das Blut spritzte. Immer wieder gellten Schreie auf, Todesschreie. Über ein Drittel der Wenden verröchelte im ersten Ansturm der Burgleute.

Czisibor sah, wie ein Schwert den Zupan der Daleminzer bäuchlings auf die Tischplatte nagelte. Aber der Zupan starb nicht sofort, sondern rief mit zorniger Stimme *Czernebog* an, den slawischen Herrscher im Reich der Finsternis, und verfluchte die Mordbuben. Es war eine Verwünschung voll grimmiger Wildheit.

Doch in dem Augenblick, in dem er das alles wahrnahm, federte er bereits hoch, den Dolch in der Faust. Noch ehe der sächsische Waffenknecht sein Schwert aus dem Körper des gemeuchelten Wenden wieder freibekam, rammte er ihm die Dolchklinge in den Hals. Nun war auch von den anderen Überrumpelten jedwede Trunkenheit abgefallen. Auch sie griffen nach den Dolchen, die sie unter der Kleidung verborgen hatten. Mit Todesverachtung stürzten sie sich auf die Burgknechte.

Die Burgknechte mussten feststellen, dass die Slawen mit den Dolchen umzugehen verstanden. Zwei Sachsen stürzten tödlich getroffen zu Boden, ein dritter sank blutüberströmt zwischen den Bänken zusammen. Aber die Übermacht der sächsischen Waffenknechte war erdrückend. Die eisernen Schwerter schlugen klaffende Wunden und brachen Knochen. Slawenblut spritzte bis an die Hallendecke und floss in Rinnsalen über den Fußboden. Die Burgknechte wateten in Blutlachen.

Czisibor sah das Weiße in den Augen eines Sachsen, der ihm sein Schwert in den Leib stoßen wollte.

Geistesgegenwärtig wich er zur Seite aus. Aber schon stürzten zwei, drei neue Mordbuben, darunter Gero selbst, auf ihn zu. Blitzschnell ergriff er eine Fackel und schleuderte sie dem Markgrafen entgegen. Gero reagierte jedoch augenblicklich und sprang beiseite. Dort, wo er eben noch gestanden hatte, sauste die Fackel hernieder. Glut sprühend und qualmend fiel sie auf den Steinboden.

Jetzt hatte er wirklich nichts mehr zu verlieren. Ihm blieb keine andere Wahl, als zu versuchen, eines der Bogenfenster zu erreichen. Die Zeitspanne, ehe die Quaderwand seinen Händen Halt bot, schien sich unendlich in die Länge zu dehnen. Mit einem federnden Satz schwang er sich auf den Fenstersims und sprang in die Dunkelheit.

Wie seine Flucht aus der der Grafenburg im Einzelnen vonstattengegangen war, hätte Czisibor später nicht zu berichten vermocht. Er stürzte in die Tiefe und fiel auf etwas Weiches, vielleicht auf irgendwelchen Unrat. Am rechten Fußgelenk fühlte er einen harten Schlag, der sein Bein lähmte und Übelkeit in ihm aufsteigen ließ. Aber trotz der Schmerzen durfte er keinen Augenblick säumen. Taumelnd, dann kriechend erreichte er den Aufstieg zum Wehrgang und schleppte sich hinauf. Zum Glück für Czisibor waren hier keine Burgleute als Wachtposten zurückgeblieben. Mühsam wälzte er sich über die Palisadenkrone, rutschte an der Außenseite hinunter und kroch auf allen vieren durch den trockenen Schutzgraben. Kurz darauf wankte Czisibor mit unerträglichen Schmerzen im rechten Bein über den abgeholzten Hang vor der Grafenburg, bis der nachtdunkle Wald ihn umhüllte wie ein schützender Mantel. Dennoch: Sobald es hell wurde, würden die Verfolger seine Spuren suchen und ihn mit Bluthunden hetzen. Aber Czisibor schaffte es, unentdeckt zu bleiben, während er sich in ständigem Misstrauen durch das Harzgebirge schleppte. Er folge unwegsamen Waldpfaden und erreichte nach Tagen die Saale. Mit einer letzten Kraftanstrengung durchschwamm er den Fluss.

Noch bevor sorbische Zeidler den Zupan der Lusizer fanden und sich um ihn kümmerten, hatte sich die Kunde der Bluttat in der Geroburg im slawischen Siedlungsgebiet bereits wie ein Lauffeuer verbreitet. Etwa 30 slawische Oberhäupter hatten ihre Arglosigkeit mit dem Leben bezahlt.

Der Markgraf seinerseits hatte nach der Bluttat das Gerücht ausstreuen lassen, dass er damit einer gegen sein Leben gerichteten Verschwörung zuvorgekommen sei. Kein Slawe zweifelte freilich daran, dass Geros Ziel allein darin bestanden hatte, die Adelsschicht der Slawenstämme zu dezimieren. Und die Nachricht von der niederträchtigen Abschlachtung verfehlte ihre Wirkung auf die Slawenstämme nicht.

Als Erste fielen die zwischen Oder und Elbe missionierenden Sachsenpriester dem Rachedurst der Wenden zum Opfer. Berittene Slawentrupps zogen plündernd durchs sächsische Grenzland. Allerorten gingen sie mit der gleichen Grausamkeit gegen die Sachsen vor, wie der Markgraf beim Massaker in Geronisroth vorgegangen war.

Für Czisibor indes ging der Winter ins Land, bis sich seine Beschwerden milderten. Zahllose Slawen erfuhren derweil aus seinem Mund, was sich in der Geroburg zugetragen hatte. Und sie konnten kaum glauben, was sie da hörten. Wenn sie nicht bereits vorher ihr Mütchen an den Kuttenträgern gekühlt hätten, wären sie wohl umgehend erneut aufgebrochen, um Rache zu üben.

Tod eines slawischen Zupans.

Nun freilich, da die Slawenstämme führungslos waren, bereitete es dem Sachsengrafen keine Mühe, die aufflammenden Aufstände zu ersticken. Im Frühjahr 940 fiel Gero mit drei unabhängig voneinander handelnden Heerhaufen in den Siedlungsraum der Elbslawen ein. Ein Heerhaufen stieß geradewegs in das Stammesgebiet der Lusizer vor, sodass Czisibor nur knapp einer Gefangennahme entging. Er versteckte sich in den unzugänglichen Sumpfwäldern an der Spree.

Erst jetzt fand er die Gelegenheit, sich mit dem zu befassen, was andernorts im Slawenland geschah. Den Nachrichten zufolge sollte nämlich Tugumir, der einst als Geisel nach Sachsen verschleppt worden war, derweil in der Brennaburg erschienen sein.

Wenn Czisibor daran dachte, wie hinterhältig sich der Hevellerspross in der Geroburg verhalten hatte, wallte in seinem Inneren der Zorn in wilder Glut auf.

Nach dem, was er von Tugumir in Geronisroth erlebt hatte, musste sein Erscheinen in der Brennaburg ein Komplott sein. Unverzüglich schickte er einen Boten zu den Hevellern, um sie vor dem gewissenlosen Heimkehrer zu warnen. Aber der Bote kehrte nicht zurück, niemand erfuhr je sein Schicksal.

*Nach dem Aufstand:
Gefangene Slawen in der Grenzburg.*

Czisibors böse Ahnungen bestätigten sich. Markgraf Gero sollte tatsächlich noch eine Bosheit gelingen. Denn mit dem Versprechen, ihn nach der Übergabe der Brennaburg als Knäs der Heveller einzusetzen, hatte er Tugumir dazu überredet, seine Stammesbrüder wiederum zu verraten. Folglich begab sich Tugumir im Frühjahr 940 in den Siedlungsraum der Heveller und erklärte, er wäre aus dem Gewahrsam der Sachsen entflohen. Dann nahm er seinen Neffen, den letzten noch verbliebenen Spross des hevellischen Knäsgeschlechts, nach erprobtem Muster hinterlistig gefangen und tötete ihn. Anschließend überstellte er die Brennaburg und das gesamte Land der

Heveller dem Markgrafen. Sein Verrat führte zur Botmäßigkeit aller slawischen Völkerschaften bis zur Oder.

Nach der Unterwerfung der Slawenstämme – die freilich im Sommer 983 für die nächsten 150 Jahre wieder enden sollte – überhäufte König Otto I. den Markgrafen mit Ehrungen. Gero gehörte fortan zu den erlauchtesten Repräsentanten des sächsischen Adels. Gero war dabei, als Otto I. im August 955 die Magyaren auf dem Lechfeld bei Augsburg vernichtend schlug. An der sich bereits im Oktober anschließenden Schlacht am Fluss Raxa (*Recknitz*) gegen die Obodriten und Wilzen nahm er nicht nur teil, sondern wurde sogar deren Triumphator. Stoinef, dem Anführer der aufrührerischen Slawen, fiel zu spät auf, dass auch er einer Täuschung des fuchsschlauen Markgrafen erlag. Die Slawen wurden besiegt und Stoinef getötet.

Nach der Schlacht an der Raxa indes schien Geros Glück zu verlöschen wie eine Lampe, deren Öl aufgebraucht ist. Das Verhältnis zwischen ihm und dem König trübte sich, den Markgrafen trafen Schicksalsschläge. Vielleicht erfüllte sich ja jetzt der Fluch des gemeuchelten Zupans der Daleminzer. Im Juni 959 starb nach langwieriger Krankheit zunächst Siegfried, Geros älterer Sohn. Des Markgrafen zweiter Sohn, der ebenso Gero hieß, kam im gleichen Jahr bei der Niederschlagung eines Wendenaufstands ums Leben. In der Trauer um seine Söhne ergriff ihn dem Vernehmen nach Reue über seine Taten und er beschloss, zur Sühne ein Kanonissenstift zu bauen.

Der trauernde Vater unternahm zum Loskauf seiner Seele – erstaunlich, wie mühelos es Gero gelang, tiefe Frömmigkeit mit unbarmherziger Grausamkeit zu verbinden – eine Romfahrt. Danach ging er mit erhöhtem Eifer daran, sein Sühnevorhaben zu verwirklichen. Als Äbtissin des 961 beurkundeten freiweltlichen Damenstifts Gernrode setzte der Markgraf seine Schwiegertochter Hathui ein. Siegfrieds 20-jährige Witwe entstammte dem Geschlecht der Billunger und war eine Nichte der Königin Mathilde.

963 pilgerte Gero wiederum nach Rom. Diesmal brachte er die Armreliquie des heiligen Cyriakus mit, der von nun an als Stiftspatron die ursprünglichen Titelheiligen Maria und Petrus ablöste. Gero starb am 20. Mai 965 und wurde im Querhaus der Gernröder Stiftskirche bestattet. Im Gedächtnis der Menschen blieb der Markgraf so lebendig, dass noch das Nibelungenlied ihn erwähnte.

Das Grabmal Geros in der romanischen Basilika.

Meuchelmord im Schwabengau

ÜBERALL TAUCHTEN SIE jetzt auf, die gepanzerten Reiter Heinrichs IV. Überall auf den Unstrutwiesen zerstampften sie den Widerstand der Sachsen unter den Hufen ihrer Pferde. Noch bevor am 9. Juni 1075 die Sonne zu sinken begann, beschien sie ein mit Toten und Sterbenden übersätes Schlachtfeld.

Auf einen Wink des salischen Königs hin griffen nun die schwäbischen, böhmischen und bayrischen Kriegsknechte, die sein Heer verstärkten, wieder an. Ungestüm hauend und stechend drangen sie in die Reihen der sächsischen Fußkrieger ein. Otto von Northeim, der Anführer der sächsischen Rebellen, blickte hilflos in die Runde. Er war unfähig, die Gegenwehr zu organisieren. Seine Kriegerhaufen unternahmen kaum noch den Versuch, sich zu wehren. Nur Graf Adalbert von Ballenstedt und seine Gefolgsleute warfen sich den Angreifern entgegen, um sie aufzuhalten. Aber die Königsleute erstickten in den völlig ungeordneten Rebellenhaufen jeden Widerstand. Gebhard von Supplinburg drang eine Lanze in den Mund und trat aus dem Schädel wieder hinaus. Als die sächsischen Fußkrieger das sahen, warfen sie ihre Waffen weg und flohen zur Unstrut. Fort ... nur fort!

Adalbert von Ballenstedt wollte nicht fliehen, aber der Menschenstrom riss ihn einfach fort. Als er sich inmitten der Flüchtenden, die zum Fluss drängten, noch einmal umblickte, registrierte er unter den gegnerischen Schildwappen auch eines, welches er zur

Genüge kannte: das des Konradsburgers. Das Kampfgebrüll seines Erzfeinds, der in der vordersten Reihe der Königsleute ritt, übertönte sogar das Hufgetrappel.

Der Graf fühlte sich wie ein in die Enge getriebenes Tier. Natürlich hatte der Konradsburger jetzt die beste Gelegenheit dazu, ihn zu erschlagen. Zu weiteren Überlegungen blieb indes keine Zeit. Denn vor und neben ihm sprangen die sächsischen Krieger reihenweise ins Wasser, um den Fluss zu durchqueren.

Doch die Königsleute setzten nach. Hunderte gepanzerter Reiter warfen sich gleichfalls in die Unstrut. Im schäumenden Wasser droschen sie auf Arme, Schultern und Köpfe ein, dass sich vom Blut rote Schleier bildeten. Nur mit Mühe gelangte Adalbert von Ballenstedt über die Unstrut. Egino von Konradsburg versuchte den Nebenbuhler zu verfolgen, aber sein Pferd strauchelte über die Körper der Getöteten, die den Fluss stauten.

*Adalbert II. von Ballenstedt,
Siegelbild von 1073.*

Am anderen Flussufer stoben die Sachsen in aufgelöster Flucht davon. Graf Adalbert von Ballenstedt war dem Konradsburger, seinem Nebenbuhler um die Vormachtstellung im Harzvorland, noch einmal entkommen ...

Egino II. von Konradsburg, Sohn von Burchard dem Älteren, gehörte einem Geschlecht an, das ursprünglich den Geroniden lehnspflichtig gewesen war. Als wirtschaftlichen Grundstock besaßen die Edlen Liegenschaften um ihre am Ausgang des Selketals gelegene Stammburg. Gegenüber den Ländereien anderer Herren von Geblüt nahmen sich ihre Besitzungen freilich bescheiden aus. Wenn die Konradsburger daher ihre Position im Nordthüring- und Schwabengau stärken wollten, mussten sie ihren Grundbesitz vermehren. Sofern im östlichen Harzvorland ein Landzipfel zu haben war, mussten sie handeln.

Ebenso war klar, dass ihre Machtbestrebungen dabei zwangsläufig mit den Interessen eines anderen Harzer Adelsgeschlechts kollidieren mussten – nämlich mit den Interessen der Grafen von Ballenstedt, deren Stammsitz nur einen Katzensprung von der Konradsburg entfernt lag. Allerdings schritten auch die Ballenstedter nicht minder entschlossen zur Tat, wenn es galt, ihre Besitzungen zu erweitern. Derlei Besitzstreben erweckte Neid, Zorn und Hass, hier wie dort.

Beim Ausbau ihrer Positionen kam beiden Adelsgeschlechtern zugute, dass seit 1056 ein Knabe – der spätere Kaiser Heinrich IV. – den Königsthron innehatte. Den Knaben erkannte natürlich kein Feudalherr als vollgültigen Herrscher an. Während seiner Minderjährigkeit rundeten daher viele Herren ihre Ländereien auf Kosten des Kronguts großzügig ab. Und die Verhältnisse verkomplizierten sich noch, als Heinrich IV., 1065 nach der Schwertleite für mündig erklärt, das entfremdete Reichsgut einzufordern begann.

Die Konradsburg bei Ermsleben im Harzvorland.

Heinrich IV. richtete nunmehr den Harzraum als Zentrum einer Königsherrschaft ein und ließ zahlreiche Burgen anlegen oder ausbauen. Wegen der Befestigungsanlagen wurden die umwohnenden Bauern mit zusätzlichen Frondiensten und Abgaben belastet. Die Unzufriedenheit wuchs nicht nur bei den Bauern, sondern auch bei den sächsischen Feudalherren, die ihre eigene Machtstellung gefährdet sahen.

Die Bedrückung durch Heinrich IV. führte schließlich zum Aufstand der Sachsen, wozu sich die Bauernschaft und Angehörige des Adels vereinigten. Adalbert von Ballenstedt und seine Söhne Otto und Siegfried standen neben anderen Grundherren an der Spitze der Erhebung. Die Konradsburger indes schlossen sich dem König an. Vielleicht gab hierfür die ins Blut gestiegene Animosität gegenüber den benachbarten Ballenstedtern den Ausschlag, vielleicht hielten sie dem König aber auch nur um eigener Vorteile willen die Treue.

In der Folgezeit zählte Egino der Jüngere zu den zuverlässigsten Anhängern des vierten Heinrich. Einen Beweis seiner Ergebenheit lieferte er 1070 in der Kaiserpfalz zu Goslar. Hier eröffnete er dem erschrockenen Salier, dass der Bayernherzog Otto von Northeim, das Haupt der sächsischen Verschwörer, ihn zum Königsmord habe anstiften wollen.

Als Egino auf einem Hoftag in Mainz vor den versammelten Fürsten seine Unterstellung wiederholte, wurde der Bayernherzog nun des Hochverrats beschuldigt. Mehr noch: Der Konradsburger erbot sich, seinen Vorwurf durch ein Gottesurteil zu erhärten – er forderte den Bayernherzog zum Zweikampf heraus. Beim Hochadel rief die Unverschämtheit des kleinen Edlen allerdings Empörung hervor.

Am 1. August 1070 stand Egino gerüstet und gewappnet in Goslar zum Zweikampf bereit. Wer nicht erschien, war Otto von Northeim. Die Fürsten hatten den Bayernherzog von einem Waffengang abgeraten, der einer Erniedrigung gleichgekommen wäre. Aber nicht ihre Ratschläge, sondern die Haltung des Königs, der ihm kein freies Geleit zusichern wollte, hielten den erprobten Kämpen letztlich davon ab, den Unverschämten in die Schranken zu weisen.

Für das Jahr 1073 vermeldet der Historiograf Lampert von Hersfeld (*vor 1028 bis 1085*) nun, Egino sei bei einer Räuberei ergriffen und von den Geschädigten geblendet worden. Aber hier verwirren sich die chronologischen Fäden des Geschichtsschreibers offenkundig. Denn Eginos verwerflichste Gewalttat sollte erst sieben Jahre später folgen.

Zunächst einmal geschah etwas anderes: Das königliche Heer schlug die sächsischen Rebellen bei Homburg an der Unstrut vernichtend. Es war ein blutiger Tag gewesen, dieser 9. Juni 1075. 8 000 Sachsen und Thüringer waren niedergemetzelt worden, 1 500 Königliche gefallen. Im Oktober desselben Jahres standen sich die gegnerischen Heere auf der Ebene zwischen Oberspier und Hohenebra bei Sondershausen erneut gegenüber. Aber die Anführer der rebellierenden Sachsen wagten keinen zweiten Waffengang. Sie unterwarfen sich bedingungslos.

Hoch zu Ross, erhaben und gebieterisch, so sah Heinrich IV. zu, wie die Häupter der Sachsen ihre Schwerter abgürteten und sich als Besiegte gefangen gaben. Barfuß und mit gesenkten Köpfen mussten Erzbischof Werner von Magdeburg, Bischof Burchard von Halberstadt, Magnus von Sachsen, Otto von Northeim, Pfalzgraf Friedrich von Sachsen, Graf Dietrich von Katlenburg, Rüdiger von Bielstein, Sizzo von Käfernburg und Adalbert von Ballenstedt an dem Salier vorbeiziehen, ehe königliche Waffenträger sie in die Gefangenschaft abführten.

Egino von Konradsburg nutzte die erzwungene Abwesenheit des Ballenstedters aus und riss sich einen Teil seiner Güter unter den Nagel. Als Adalbert von Ballenstedt im April 1077 dann ohne Wissen Heinrichs IV. aus dem Kerker entlassen wurde, durfte man sicher sein, dass diese Unverfrorenheit eine Fehde nach sich ziehen würde. So kam es: Adalbert von Ballenstedt leistete den Eid, er wolle nicht eher ruhen, bis er sich den Konradsburger vor die Klinge geholt habe. Doch nicht er sollte seines Erzfeindes habhaft werden, sondern der mit allen Hunden gehetzte Konradsburger holte sich den Ballenstedter vor die Schwertklinge.

Graf Adalbert wurde heimtückisch überfallen.

Im Jahr 1080 legte sich Egino von Konradsburg mit seinen Gefolgsleuten hinter dem Landgraben in der Westdorfer Flur auf die Lauer. Seine Späher hatten ihm zugetragen, dass der Graf an diesem Tage von Ballenstedt nach Aschersleben reiten würde. Damit wirklich nichts schiefging, hatte der Konradsburger zudem auf dem Kirchturm von Endorf einen Waffenknecht postiert. Mit Glockenschlägen sollte der Ausguck die Ankunft des Grafen ankündigen.

Ahnungslos ritt Adalbert von Ballenstedt durch die Westdorfer Flur. Das Glockengeläut, das gelegentlich von der Endorfer Kirche herüberwehte, beunruhigte ihn nicht weiter. Etwas Unvorhergesehenes geschah im Schwabengau schließlich jeden Tag. Dann jedoch riss der Glockenklang jäh ab. Es sollte das letzte Geläut gewesen sein, das der Graf in seinem Leben gehört hatte. Wie aus dem Boden gewachsen tauchten ringsum plötzlich Bewaffnete auf und griffen den Grafen und seine wenigen Begleiter an. Der Ballenstedter war vor Überraschung wie gelähmt, als er unter den Angreifern seinen Erzfeind erkannte. Der Konradsburger und seine Waffenknechte fackelten nicht lange. Die Berittenen wurden von den Pferden gezerrt und ohne Umschweife erschlagen.

Die meuchlerische Bluttat wirbelte viel Staub auf. Egino von Konradsburg hatte sich vor einem Königsgericht zu verantworten, das den Vorgang jedoch sehr milde beurteilte. Die Konradsburg musste der königstreue Vasall freilich verlassen. Sie sollte zur Sühne in ein Kloster umgewandelt werden. Die Konradsburger wählten daraufhin die tief im Harzwald gelegene Burg Falkenstein als Stammsitz.

Dass Egino von Konradsburg die Urheberschaft der Bluttat angelastet werden muss, gilt als erwiesen. Ob indes der Konradsburger mit jenem Egino, der laut Lampert von Hersfeld ein Jahrzehnt zuvor den Bayernherzog einer Verschwörung gegen den König beschuldigt hatte, identisch ist, darüber polemisieren die Historiker noch heute. Hätte er als Geblendeter eine solche Bluttat überhaupt einfädeln können? Ganz zu schweigen von einer Beteiligung an der Umsetzung derselben. Umgekehrt ist vorstellbar, dass es sich bei den Konradsburgern nicht um die gleichen Personen gehandelt hatte.

Zweifel hin, Zweifel her: 1080 erschlug *ein* Konradsburger um die Ausdehnung seiner Machtposition willen den Grafen Adalbert von Ballenstedt. In der Folgezeit vermehrten dann freilich eher die askanischen Nachkommen des Ballenstedters ihren Herrschaftsbesitz.

Das Ende eines Unholds

KLIRRENDER FROST, DIE Vögel erfroren im Flug, die Dörfer versanken im Schnee. Der Winter 1417 war streng, ungewöhnlich streng. Nachts kamen die Wolfsrudel bis an den eisverkrusteten Wassergraben heran und fingen mit erhobenen Schnauzen an zu heulen, dass es dem Gesinde auf Burg Harbke kalt über den Rücken lief.

Die Geharnischten, die im notdürftig vom Schnee freigeschaufelten Burghof von Harbke ihre Pferde am Zaum hielten, kümmerte das grässliche Wolfsgeheul indes nicht. Ihre Gesichter waren genauso düster wie der Burghof, den ein paar Fackeln spärlich erhellten. Mehr als ein Dutzend Männer waren es. Über ihre Harnische trugen sie einen ärmellosen Umhang in den Farben des Erzbischofs von Magdeburg: rot und weiß. Trotz der schneeverwehten Wege waren sie ohne Halt von Magdeburg bis nach Harbke geritten.

Noch während Heinrich von Veltheim, der Burgherr von Harbke, die Ankömmlinge im Burghof begrüßte, wusste er, was ihre Ankunft zu bedeuten hatte. Sie waren von Günther II. von Schwarzburg, dem Erzbischof von Magdeburg, beauftragt worden, jenen Flüchtigen zu ergreifen, dem er Obdach gewährte. Nein, nicht er gewährte ihm Unterschlupf, sondern seine Gemahlin Mathilde. Nach Ansicht des Erzbischofs hatte der Flüchtling schon so viele Schandtaten in seinem Leben begangen, dass es für ein Millennium Fegefeuer reichte, wenn ihn der Satan zu sich holte. Und so befand sich Heinrich von Veltheim an diesem 13. Februar 1417 nun in einer heiklen

Verlegenheit: Sollte er seinen Schwager, der sich in der Burg versteckt hielt, ins Messer laufen lassen oder nicht? Die Mär, dass sich der Entschwundene in einer Jagdhütte im Wald aufhalten würde, brauchte er den Häschern jedenfalls nicht auftischen. Damit mochte man tumbe Marktfrauen hinters Licht führen können, nicht jedoch die Geharnischten des Erzbischofs. Wie nur sollte er die mit der Ankunft des erzbischöflichen Beritts verbundenen Schwierigkeiten ohne Schaden für sich bereinigen? Wenn er Dietrich von Quitzow den Häschern auslieferte, gab er seine an das Verschwägerungsgeflecht geknüpften Vorteile preis. Ein solcher Schritt wäre sowohl den Veltheims als auch den Quitzows immer als Schmach erschienen, so viel stand fest. Übergab er den Schwager nicht, musste er genauso mit Unannehmlichkeiten rechnen. In diesem Fall würde Günther von Schwarzburg zweifellos Fehde gegen ihn erheben, um für den erlittenen Hohn Vergeltung zu üben. Mit zahlenmäßig überlegener Streitmacht, darunter die burggesessenen Ritter der Umgebung und die Mannschaften der verbündeten Harzstädte, würde er Harbke belagern und bestürmen. Und obwohl die Wasserburg als uneinnehmbar galt, war sich Heinrich von Veltheim nicht sicher, ob die Erzbischöflichen letztlich nicht doch eine Bresche in den Mauerring schlagen würden.

Ja, ein solches Vorgehen wäre dem eigensinnigen Erzbischof, der statt der klerikalen Tonsur vor aller Augen wallende Haarlocken zur Schau stellte, durchaus zuzutrauen. Da kannte Heinrich von Veltheim den Schwarzburger, der in seiner Amtszeit noch keine Messe gelesen, dafür jedoch infolge seiner verschwenderischen Laster einen Schuldenberg angehäuft hatte, inzwischen zu gut.

Dass der Erzbischof dem Flüchtigen an diesem Februartag unwiderruflich ans Fell wollte, zeigte sich auch darin, unter wessen Befehl er den Beritt der Häscher gestellt hatte. Denn mit dem Auftrag, den Flüchtigen herbeizuschaffen, war kein anderer als dessen eigener Bruder betraut worden. Und vor dem zitterten nicht nur die erzbischöflichen Waffenknechte, sondern nahezu alle Ritter weit und breit. Heinrich von Schwarzburg eilte der Ruf voraus, selbst in der Hölle allen Teufeln die Zähne zu zeigen.

Niemand sah Heinrich von Veltheim seine Beklommenheit an, als er den Bruder des Erzbischofs nun in den Palas führte. Ein halbes Dutzend Bewaffnete, jeder die Hand am Griff seines Schwertes, folgten ihnen. Ihre Schritte dröhnten auf dem Pflaster des Vorsaals. Wachskerzen auf Kandelabern beleuchteten den Palas der Burg, in dem die Gemahlin des Burgherrn die Ankömmlinge empfing. Heinrich von Veltheim bohrte seinen Blick in ihr Gesicht. Aber Mathildes Miene blieb unbewegt, als würde sie seine Anspannung nicht bemerken. Endlich, nach einer Zeitspanne, die wie eine Ewigkeit anmutete, nickte Mathilde unmerklich. Der Burgherr atmete auf. Endlich war die Last von seinen Schultern genommen. Der Bruder seiner Gemahlin, die eine geborene von Quitzow war, hatte die Warnung erhalten. Jetzt hielt sein Schwager die Möglichkeit in der Hand, das weitere Geschehen nach seinem Gutdünken zu lenken. So würde weder über Dietrich von Quitzow noch über die Veltheims das Unheil hereinbrechen.

Doch da erlag der Burgherr einem Irrtum. Wenn er glaubte, niemand hätte das Zeichen seiner Gemahlin gesehen, so hatte er sich getäuscht. Natürlich hatte auch Heinrich von Schwarzburg das Nicken wahrgenommen. Und darum zog er jetzt verächtlich die

Mundwinkel herab und grinste voller vorweggenommener Schadenfreude ...

Entstand auf den Grundmauern der mittelalterlichen Wasserburg: Schloss Harbke. Lithografie um 1860.

Während dies im Palas geschah, gürtete in der Turmkemenate Dietrich von Quitzow sein Schwert. Seinetwegen waren die erzbischöflichen Häscher nach Harbke geritten. Denn für Erzbischof Günther von Schwarzburg verband sich mit diesem Bruder der Burgherrin der Begriff des Unholds, der vor keiner Scheußlichkeit zurückschreckte. Der Quitzower, so meinte der Kirchenfürst, sei schuld daran, dass über ein Jahrzehnt beiderseits des Elbstroms Chaos und Anarchie geherrscht hätten. Denn ebendort hatte dieser von 1400 bis 1410 als berüchtigter Raubritter sein Unwesen getrieben. So übel peinigten er und seine Brüder das Land, dass dieser Zeitraum nach ihrem Geschlecht benannt worden war: *die Quitzowzeit*.

*Die Raubzüge der Quitzows hinterließen
eine Spur der Verwüstung.*

Dietrich von Quitzow, sein Bruder Johann und ihre Spießgesellen hatten an beiden Elbufern Angst und Schrecken verbreitet. Sie raubten und brandschatzten, was nur zu brandschatzen und zu rauben war. Kaum ein Händler traute sich noch, seine Waren durch die Mark Brandenburg oder das Erzstift Magdeburg zu transportieren. Der Handel und Wandel kam fast zum Erliegen. Infolge der Raubüberfälle erlitt auch die Adelssippe von Schwarzburg, die zu Beginn des 15. Jahrhunderts die Landeshauptmannsstelle der Mittelmark innehatte, arge Verluste. Und das wiederum verzieh Günther II. von Schwarzburg, der seit 1403 in Magdeburg auf dem erzbischöflichen Stuhl saß, den Quitzows und ihren Raubkumpanen nie.

An den Kragen ging es dem Raubgesindel, als im Juli 1411 der Burggraf Friedrich IV. von Nürnberg zum Verweser der Mark Brandenburg ernannt wurde. Der Hohenzoller fackelte nicht lange und rückte im Bündnis mit den erzbischöflichen Truppen dem Gesindel auf den Pelz. Schon bald versteckten sich die Landbedrücker vor den verbündeten Heerhaufen wie Fledermäuse in ihren Raubburgen. Aber der Hohenzoller brachte nicht nur ein schlagkräftiges Truppenaufgebot, sondern auch eine bis dahin unbekannte Waffe mit: Donnerbüchsen, die mit Pulver geladen wurden und zentnerschwere Steinkugeln verschossen. Das größte Geschütz trug wegen seiner Unbeweglichkeit den Namen *Faule Grete*.

Die Donnerbüchsen legten die Burgen des märkischen Raubadels in Trümmer, auch die 14 Fuß dicken Mauern der Burg Plaue. Johann von Quitzow fiel den Waffenknechten Heinrichs von Schwarzburg in die Hände und wurde als Gefangener in die erzbischöfliche Sommerresidenz Calbe an der Saale verbracht (*Tauchaer Verlag Tatsachen Nr. 21*). Nur Dietrich von Quitzow konnte fliehen. Aber Erzbischof Günther von Schwarzburg war nach wie vor von Hass gegen den Stegreifritter erfüllt. Er wollte ihn dingfest sehen, koste es, was es wolle. Doch die Hetzjagd der erzbischöflichen Häscher zog sich in die Länge. Der einst gefürchtete Raubritter befand sich derweil ständig auf der Flucht. Anfangs verdingte er sich noch als Söldner, aber seine Tatkraft nahm zunehmend ab. Er alterte vorzeitig und wurde griesgrämig. Letztlich war er froh, bei seiner Schwester Mathilde auf Burg Harbke unterschlüpfen zu können – bis ihn die erzbischöflichen Häscher aufspürten ...

An diesem 13. Februar 1417 erwachte in Dietrich von Quitzow jedoch noch einmal die alte Entschlossenheit. Auch heute würde er den Häschern wieder eine Nase drehen. Nachdem er Kettenhemd und Schwertgehänge unter einem Wollmantel verborgen hatte, winkte er den beiden Knechten, die ihm seine

Schwester geschickt hatte. Die Knechte entzündeten die mitgebrachten Fackeln. Der unterirdische Fluchtgang begann unter einer Steinplatte in der Turmkemenate und endete außerhalb der Ringmauer in einem Gestrüpp. Eisige, modrige Luft stieg ihnen von unten entgegen, als sie in den gemauerten Schacht stiegen. Der Lichtschein der Fackel drang kaum zwei Armlängen weit. Dietrich von Quitzow und die Burgknechte tappten Schritt für Schritt durch den Fluchtgang. Das Vorantappen schien Ewigkeiten zu dauern. Dann endlich hob sich vor der Fackel des vorderen Burgknechts die schwarze Ahnung eines Durchschlupfs nach draußen ab. Früher hatte der Raubritter seinen Untergebenen die winzigste Nachlässigkeit angekreidet und sie deswegen bestraft. Aber an diesem Februartag war er es, der sich einfältig verhielt.

Hölle und Teufel, er hätte es wissen müssen, dass es den Klerikalen weder an Scharfsinn noch an Schlitzohrigkeit mangelte. Die Gerüchte, in Burg Harbke würde es einen unterirdischen Fluchtweg geben, der aus der Anlage führe, waren natürlich auch den Geistlichen zu Ohren gekommen. Dietrich von Quitzow und die beiden Knechte stiegen durch die Öffnung ins Freie. Kälte, ein tiefschwarzer Winterhimmel, Baumskelette beiderseits des Ausgangs. Und noch etwas fühlte der Raubritter mit dem sicheren Instinkt des Gehetzten: Er befand sich in Gefahr. Plötzlich hörte er Geräusche, die sich näherten. Wölfe? Huschten da Wölfe heran? Nein ... Dietrich von Quitzow wollte sein Schwert aus der Scheide zerren, aber er schaffte es nicht mehr. Denn im gleichen Atemzug fuhr ihm eine Schwertklinge in den Nacken und trat unter der Kehle wieder hervor. Der berüchtigtste Raubritter seiner Zeit war bereits tot, ehe auf den frostharten Boden schlug.

Beigesetzt wurde Dietrich von Quitzow im Kloster der Augustinerinnen in Marienborn. Den erteilten Dispens bereuten diese jedoch bald. Denn die sündige Seele des Toten soll schon bald herumgespukt und dem Kloster Schaden zugefügt haben.

Busso von Alvenslebens Verhängnis

EINES MUSSTE MAN den Grafen von der Asseburg lassen: Als Gastgeber waren sie nicht knausrig. Auch am 6. November 1576 stand im Rittersaal der Wasserburg Wallhausen wieder ein köstliches Mahl auf der Tafel. Dennoch saß Busso von Alvensleben da, als müsste er ein Schock Ungeziefer verspeisen.

Missmutig schlürfte der Sohn des Schlossherrn von Hundisburg und Neugattersleben vom Wein. Während die übrigen Gäste der Asseburger Bratenknochen zwischen den Zähnen zerkrachten und schmatzten, lagen in ihm gekränkte Eitelkeit und Pflichtgefühl im Widerstreit.

Mürrisch warf Busso einen Blick auf die im Rittersaal der Wasserburg Wallhausen (*ab 1606 zum Renaissanceschloss umgestaltet*) anwesenden Frauen, die am oberen Tafelende saßen. Eine davon war der Grund dafür, weshalb er die Gastlichkeit der Asseburger genoss. Denn sein Vater, der einflussreiche Geheime Rat Ludolf von Alvensleben, hatte beschlossen, ihn zu verheiraten. Als standesgemäße Braut war hierzu die Schwester der Grafen von der Asseburg auserwählt worden. Und die Grafen Ludwig, Aschwin, Hans und Ernst von der Asseburg waren an einer solchen Verbindung mehr als nur interessiert gewesen. Ein stiernackiger Gutsbesitzer aus der Goldenen Aue, der neben ihm an der Tafel hockte, schob eine halbe Bratenkeule auf einmal in den Mund, kaute, schluckte mächtig und leckte sich anschließend die Finger ab. In Bussos Magen kribbelte es, als liefe darin Ungeziefer durcheinander. Der

Adelsspross leerte seinen Weinpokal in einem Zug. Ja, nun wusste er, weshalb die Grafenbrüder an einer Verehelichung ihrer Schwester so überaus interessiert gewesen waren. Denn einen anderen Heiratskandidaten hätten sie wahrscheinlich nicht gefunden.

Abermals schielte Busso unauffällig zum oberen Tafelende. Der Seitenblick auf seine Braut reichte aus, um in seinem Magen augenblicklich ein Würgegefühl zu erwecken. Eilends stürzte er den Inhalt des wieder vollen Pokals in die Kehle. Himmel, nein, diese Froschaugen, dieser reptilartige Hals ... Busso füllte seinen Pokal mit Wein, trank wieder. Überdies war sie dürr wie ein Lindenzweig, die Schwester der Asseburger Grafen, und im Rücken gebogen wie eine vertrocknete Weide über einem Bach. Nein, diese Braut entsprach ganz und gar nicht seinem Geschmack. Doch es hatte keinen Sinn, sich irgendwelchen Hoffnungen hinzugeben. Er würde die geplante Verehelichung nicht verhindern können. Sein Vater bestimmte, wen er zu heiraten hatte. Und Ludolf von Alvensleben war nur darauf bedacht gewesen, eine Braut zu finden, durch die das Ansehen seines Geschlechts wachsen würde. Das Aussehen der Braut war nebensächlich, Gefühle lästig.

Von Neuem ergriff Busso den Weinpokal und nahm einen kräftigen Schluck daraus. Im Gegensatz zu der von seinem Vater auserwählten Tochter Graf Johanns von der Asseburg war die Dunkelhaarige neben ihr die reinste Augenweide. Die blutjunge Edle sollte Ludwig heiraten, den ältesten Sohn und Nachfolger Graf Johanns. An dem Zechgelage nahm Ludwig nicht teil, weil er in seinen thüringischen Besitzungen nach dem Rechten sehen musste.

Wieder und wieder hob Busso den Weinpokal an die Lippen. Der Stiernackige, der mit einem Holzstäbchen in seinen Zähnen stocherte, versuchte, mit ihm ins Gespräch zu kommen. Aber Busso beachtete ihn nicht. Jetzt, da der reichlich genossene Wein seinen Missmut weggespült hatte, musterte er die Schwarzhaarige neben der für ihn Auserwählten wie ein Rosshändler, der eine Zuchtstute betrachtet. Ihr von dunklen Haaren umrahmtes Gesicht war starr wie aus Kristall, aber er glaubte zu erkennen, dass hinter dieser Starrheit etwas Verderbtes pochte. Diese Mutmaßung und die ansehnlichen Körperformen der Dunkelhaarigen erregten Busso zunehmend. Er zog die zukünftige Gemahlin Ludwigs von der Asseburg mit seinen Blicken geradezu aus. Und das Gastmahl in der Wasserburg Wallhausen nahm seinen Fortgang – seinen tödlichen Fortgang ...

Die Zecherei im Rittersaal wurde immer wüster. Gegen Mitternacht fielen die ersten Gäste beduselt in den Schlaf. Dieser und jener stand von seinem Platz auf und lief im Rittersaal herum. Und bald sah es so aus, als bestätige sich auch heute das Brauchtum aller blaublütigen Herren: bis Mitternacht Sauferei, nach Mitternacht Rauferei.

Was sich ankündigte, geschah. Busso von Alvensleben, sturzbetrunken, gierig auf Frauenfleisch, nutzte die Gunst des Augenblicks, um sich der blutjungen Edeldame zu nähern. Um sie zu begrapschen. Ein Angstschrei der Dunkelhaarigen, unisono Wutgeschrei ihrer zukünftigen Schwäger Aschwin, Hans und Ernst von der Asseburg. Obwohl es üblich war, vor einem Gelage die Waffen abzulegen, betraten Herren von Stand dennoch kaum jemals ohne Zierdolch am Leibgurt einen Festsaal. Und einen solchen hielten Aschwin, Hans und Ernst jetzt in den Händen und stürzten sich auf den angehenden Schwager. Busso von Alvensleben starrte aus weit aufgerissenen

Augen auf heranzuckenden Dolchklingen und erwachte aus der Trunkenheit. Er wollte die Tafeldecke hochreißen, um sie den Angreifern entgegenzuschleudern, aber da verspürte er bereits stechenden Schmerzen, die ihm das Bewusstsein zu rauben schienen. Erst in der Schulter, dann an der Hüfte. Seine Rechte verkrampfte sich in der Tafeldecke.

*Ludolf X . von Alvensleben (1511 bis 1596),
der Vater des Opfers.*

Das Letzte, was Busso sah, war, wie Ernst von der Asseburg zustach. Sein Dolch steckte bis zum Knauf in seiner Brust. Schwer stürzte er zu Boden, riss die Tafeldecke mit sich. Auf ihm lagen umgestürzte Pokale, Bratenstücke, Brot, Backwerk und Obst. Aber da gab es für ihn schon keine Empfindungen mehr ...

Natürlich nahm Ludolf von Alvensleben, der Vater des Ermordeten, die Bluttat nicht einfach hin, sondern prozessierte. So sah denn die Stadt Aschersleben im August 1577 eine der aufwendigsten Gerichtsverhandlungen des 16. Jahrhunderts. Drei Tage wurde verhandelt, dann traf man nach der salvatorischen Klausel der Lex Carolina (*Halsgerichtsordnung von 1532*) für Herren von Geblüt ein Abkommen: Aschwin, Hans und Ernst von der Asseburg bekannten sich schuldig und gelobten Ludolf von Alvensleben gegenüber Abbitte.

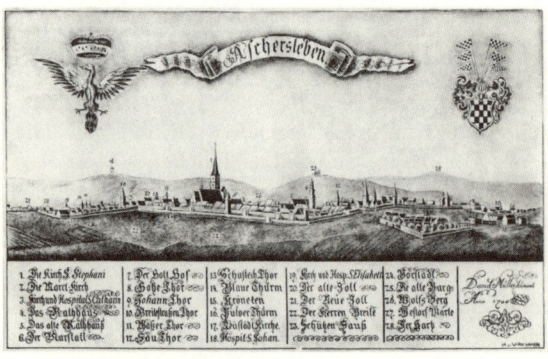

Aschersleben an der Eine. Hier fand im August 1577 ein Prozess statt, der riesiges Interesse erzeugte.

Als Buße für die Bluttat mussten die Mörder 2 000 Taler zahlen. Ludolf von Alvensleben erhöhte diesen Betrag um weitere 1 000 Taler und stiftete davon die Hospitäler Hundisburg und Gatersleben.

Übles Treiben an der Saale

HIMMEL, WAR DAS eine Nacht gewesen – diese Nacht auf den 18. April 1637! Heinrich von Krosigk hätte keine Zehenspitze aus dem zerwühlten Bett der Sandersleber Witwe gehoben, hätte es am Nachmittag nicht das Fest auf Schloss Alsleben gegeben. Darum musste er sich aufraffen.

Der Erb- und Gerichtsherr von Alsleben seufzte und stieg aus dem Bett. Wie immer, wenn er nach Sandersleben kam und die Witwe besuchte, hatte sie keine Müdigkeit und keine Ruhepause gekannt. Von der zügellosen Leidenschaft ermattet, stand er noch recht zittrig auf den Beinen. Trotz allem: Er musste nach Alsleben zurückkehren. Denn den Befehlshaber des in den Saaleorten liegenden schwedischen Dragoner-Regiments zum samstäglichen Ostergelage nicht zu empfangen, wäre unklug gewesen. Noch einmal betrachte Heinrich von Krosigk die ansehnlichen Rundungen der jungen Frau. Sie besaß genau das, was er so mochte, und war zudem hemmungslos und voller Gier. Der Adelsherr seufzte von Neuem. Es fiel ihm schwer, ihr Haus zu verlassen.

Kurze Zeit später klapperten die Hufe seines Pferdes über das Katzenkopfpflaster der Stadt an der Wipper. Der Adelsherr dachte nicht daran, sich fortzuschleichen wie ein Dieb. Da er zuletzt auffällig oft in Sandersleben gewesen war, wusste inzwischen nicht nur jeder Einheimische über seine Besuche bei der Witwe Bescheid, sondern auch seine Gemahlin. Aber das alles interessierte den Erb-, Gerichts- und Schlossherrn von Alsleben einen Dreck. Sein Leben sollte nicht in so eintönigen Bahnen verlaufen wie das anderer Standesherren ringsum. Er jedenfalls würde zeit seines Daseins in Genüssen schwelgen wie ein orientalischer Potentat, so viel stand fest. Dass er schon den nächsten Sonnenaufgang nicht mehr erleben würde, hätte er in seinen finstersten Ahnungen nicht für möglich gehalten ...

Der Erb- und Gerichtsherr auf Alsleben gehörte einer weit verzweigten Adelssippe an, die entlang der Saale ausgedehnten Grundbesitz besaß. Dieser war ihr von den Magdeburger Erzbischöfen verpfändet, verlehnt oder verkauft worden. 1623 hatte Heinrich von Krosigk – er war gerade 15 Jahre alt – die Liegenschaften um Alsleben geerbt. Fortan hatte er ausgiebig der Verschwendung gefrönt. Sein Hang zum Luxus führte dazu, dass er einen beträchtlichen Teil seiner Liegenschaften wieder an die Magdeburger Domherren hatte verkaufen müssen. Aber selbst die erzielten Verkaufserlöse reichten bislang nicht aus, um die aufgelaufenen Schulden zu decken. Neben gutem Essen und scharfem Trunk huldigte Heinrich von Krosigk ausgiebig der fleischlichen Liebe. Kein Rock, der sich über dralle Formen spannte, war vor ihm sicher. Er liebte ordinäre Mägde und Bürgerfrauen, denen das Blut wie Sturzbäche durch die Adern rauschte. An wurzeltrockenen Edeldamen fand er weniger Gefallen. Über ein Dutzend unehelicher Kinder zeugte von seinen leidenschaftlichen Verstrickungen.

Am Ausgang von Sandersleben trieb Heinrich von Krosigk sein Pferd zur Eile an. Seiner Gemahlin hatte er kurz und bündig mitgeteilt, dass er frühmorgens wieder im Schloss sein würde. Dass ihn keine bewaffneten Knechte begleiteten, war in diesen Zeiten allerdings eher ungewöhnlich. Denn die Kriegsfurie, die nach dem Prager Fenstersturz von 1618 durch Europa tobte, verwahrloste seit über einem Jahrzehnt auch das Gebiet an der untere Saale. Zunächst hatte sich der Heerwurm Wallensteins durch das vordem vom Krieg verschonte Gebiet am Saalefluss gewälzt. Der Capo der kaiserlichen Armee trieb Kontributionen ein, forderte Essen und Trinken, Hafer und Heu. Im Frühjahr darauf fehlte das Saatgut, weil die Pferde es aufgefressen hatten. Nach den Kaiserlichen waren die Schweden eingerückt. Angeblich kamen sie, um den deutschen Glaubensbrüdern beizustehen. Aber auch sie schafften fort, was essbar war oder Wert besaß. Nach den schwedischen Heerhaufen kamen erneut die Kaiserlichen, danach wieder die Schweden. Und alle fanden Geschmack am Auffinden und Ausheben all dessen, was brauchbar schien. Im Augenblick fraßen die Pferde des schwedischen Obristleutnants Hans Georg von Derfflinger die Umgebung kahl.

Noch übler als die schwedischen und kaiserlichen Söldner trieben es die Marodeure im Land an der unteren Saale. Ihr Handwerk bestand ausnahmslos aus Morden, Plündern und Brandschatzen. So hatten sich die bewaffneten Überfälle auf Fuhrwerke, Reisende, Gehöfte und selbst auf Kirchen in letzter Zeit noch vermehrt. 1633 waren drei schwedische Söldner zu Pferde während der Andacht in die Kirche von Gnölbzig gestelzt. Die Pistolenschüsse krachten fürchterlich laut, Pulverqualm wirbelte auf. Mit blankem Säbel jagten sie die Gläubigen durch das Gotteshaus, versetzten sie in Panik. Ein Söldner schottischer Herkunft ritt durch das Menschengewimmel zum Altar, riss dem Pfarrer, der die Leute kommunizieren wollte, den Kelch aus der Hand und goss den heiligen Wein auf die Erde. Er hatte es auf das kostbare Gefäß, die Altardecke und Patenen abgesehen. Drei Jahre zuvor hatte es sogar die schlossgesessenen Krosigks getroffen. Hans Christoph von Krosigk, Herr auf Gnölbzig und Nelben, war von Marodeuren ermordet worden, als er sich zur Geldeintreibung in Löbejün aufhielt. Als in der Dunkelheit mehrere Marodeure in die Herberge eindrangen, um seine Pferde zu stehlen, griffen Hans Christoph von Krosigk und sein Diener nach den geladenen Pistolen. Sie brachten diese in Anschlag und feuerten. Der Diener traf einen der Räuber, der Adelsherr nicht. Genauer zielten die Räuber. Hans Christoph von Krosigks Leichnam wurde nach Nelben überführt ...

Stand 1637 in schwedischen Diensten:
Georg von Derfflinger (1606 bis 1695).
Später war er kurbrandenburgischer Generalfeldmarschall.

Im Reiten sann Heinrich von Krosigk über den Tod seines Verwandten nach. Natürlich konnte ein Zusammentreffen mit marodierenden Kriegsknechten gefährlich werden. Andererseits war er sich sicher, dass er Alsleben unbehelligt erreichen würde. Von den an der Saale liegenden schwedischen Dragonern ging keine Gefahr aus. Schließlich war ihr Befehlshaber, dieser Obristleutnant Derfflinger, ja der Grund dafür, dass er am frühen Morgen von Sandersleben nach Alsleben ritt. Diese Überzeugung sollte sich jedoch schon bald als folgenschwerer Irrtum erweisen.

Der Adelsherr verzog gequält das Gesicht. Nun ja, ein bisschen fraß es schon an ihm, dass er diesem Derfflinger ein Fest zur Zerstreuung geben und ihm dazu seine Ergebenheit versichern musste. Aber ihm blieb keine andere Wahl, als sich mit den Gegebenheiten abzufinden.

Während Heinrich von Krosigk seinen Gedanken nachhing, hatte er die Krumme Barbe unterhalb der Zeitzer Höhen erreicht. Bis nach Alsleben war es nur noch ein Katzensprung. Ein Rascheln in dem verfilzten Gesträuch zur Linken riss ihn aus seinen Gedanken. Hinter dem Gesträuch, auf das er nicht geachtet hatte, kamen drei Gestalten hervor und umringten den Reiter. In den Fäusten trugen sie Pistolen. Heinrich von Krosigk überfiel ein Schauer, für einen Moment verhielt er wie erstarrt, unfähig, sich zu rühren. Doch gleich darauf atmete er auf. Zwei der Männer kannte er nicht, aber einen hatte er schon gesehen. Obwohl ihre Kleidung eher der von Straßenräubern glich, gehörten sie Derfflingers Dragoner-Regiment an. Seine Annahme war richtig. Eine Kornette des Regiments hatte nämlich den Befehl erhalten, die Saale zu überqueren. Einige Dragoner wollten die günstige Gelegenheit freilich auch beim Schopf packen, um Ausschau nach Beutegut zu halten. So hegten sie perfide Gedanken. Ohne lange zu fackeln, zerrten sie Heinrich von Krosigk vom Pferderücken in den Staub. Dann stellten sie ihn mit harten Griffen wieder auf die Beine. Schließlich wurde ihm bedeutet, sich bis aufs Hemd zu entblößen. Fassungslos brachte er nur ein flehentliches Gestammel heraus, während er sich entkleidete. Fast entblößt stand der Gerichtsherr jetzt da. Doch da überkam ihn Zorn, sein Adelsstolz bäumte sich auf. Empört schrie er, dass er sie kenne und sie nicht ohne Strafe davonkommen würden. Noch heute käme ihr Befehlshaber auf sein Schloss und würde sie aufknüpfen lassen, wenn er den ungeheuerlichen Vorfall entdecke.

Dieser Ausruf war der letzte im Leben des Schlossherrn. Denn seine Drohung schien besonders Hans Mantel, den der Gerichtsherr erkannt hatte, gefährlich zu sein. Aus seiner Pistole zuckte ein Mündungsblitz, grell und krachend. Die erste Kugel raste Heinrich von Krosigk durch das Ohr und blieb im Kopf stecken. Die aus der zweiten Pistole pfiff schräg in seinen Bauch und trat aus dem Schenkel wieder heraus.

Nachdem die Räuber die Kleidung des Toten an sich genommen hatten, schritten sie zu ihren Pferden, die hinter dem Gesträuch angebunden waren, und ritten davon. Das Pferd des Gerichtsherrn führten sie am Zügel mit. Damit begingen sie einen Fehler. Die Mörder ritten nach Alsleben, um am Schloss mit der Fähre über die Saale zu setzen. Die Fährleute musterten die Reiter mit Mienen, in denen sich Erstaunen und Abscheu malten. Die plumpen Fahrzeuge legten nicht ab.

Das Pferd und die Satteltaschen des Gerichtsherrn waren jedermann in Alsleben bekannt. Ein Fährmann meldete das Entdeckte dem kommandieren Kornett der schwedischen Dragoner. Der Kornett stellte die beteiligten Reiter zur Rede.

*Fährprahme bei Alsleben im 19. Jahrhundert.
Vom gegenüberliegenden Ufer aus wollten die
Mörder mit ihrem Beutegut über die Saale setzen.*

Nach dem Erhalt eines Hinweises fanden der Alslebener Bürgermeister Georg Müller und die Verordneten Daniel Kreutzer, Christoph Wertner und Andreas Becker an der Krummen Barbe den halb nackten Gerichtsherrn. Der Bader Andreas Baermann konstatierte das gewaltsame Ableben. Die in schwedischen Diensten stehenden Reiter wurden verhaftet und verhört. Um ein mildes Urteil zu erreichen, sagten zwei der drei Täter aus, dass der Mordschütze Hans Mantel gewesen sei. Der Sohn eines Kaufmanns aus Königsberg in Ostpreußen legte daraufhin ein Geständnis ab. Zur Rechtsprechung rief man den halleschen Schöffenstuhl an. Dieser verurteilte den Mordbuben zum Tode durch Zerstoßen seiner Glieder durch ein Wagenrad. Anschließend sollte sein Leib auf ein Rad gelegt werden, welches auf einem Pfahl befestigt war, den Vögeln zum Fraß. Zehn Tage nach der Übeltat, am 28. April 1637, wurde das Urteil auf dem Galgenberg von Alsleben vollstreckt.

Ein Prinz im Blutrausch

MIT EINER HEFTIGEN Armbewegung schob Henriette Katharina die dunkelroten Samtvorhänge zur Seite und entriegelte den Fensterflügel, um Luft zu schöpfen. In der Regentin des Fürstentums Anhalt-Dessau tobte an diesem Septemberabend 1693 einmal mehr der Zorn. Er wagte es also wirklich, der Erbprinz ...

Doch auch die frische Luft, die nun in das Audienzzimmer des Stadtschlosses strömte, kühlte ihre Entrüstung nicht ab. Das Gespräch mit Leopold war wiederum alles andere als angenehm gewesen. Ja, wie stets war das Streitgespräch eigentlich schon vorbei gewesen, ehe es richtig begonnen hatte. So war ihr Sohn eben, heißblütig und starrköpfig. Die Fürstin wedelte sich mit der Hand Kühlung zu. Leopold begehrte diese Apothekerstochter, daran bestand kein Zweifel. Schlimmer noch: Er wollte sie nicht nur in seinem Bett haben – er wollte sie heiraten. Und wie sie schmerzlich wusste, würde er, ohne nach links und rechts zu schauen, auf sein Ziel losstürzen wie die Raubkatze auf das Wild. Empörung und Entrüstung raubten Henriette Katharina den Atem. Schon der Gedanke, sie könne am Dessauer Hof als Gemahlin des Erbprinzen einer Bürgerlichen begegnen, erschien ihr unvorstellbar. In ihr bäumte sich der Adelsstolz auf. Als Edle von Geblüt fühlte sie sich ihrem Stand verpflichtet.

Henriette Katharina, die im Juli 1659 Fürst Johann Georg II. von Anhalt-Dessau geheiratet hatte, entstammte dem niederländischen Prinzenhaus von

Oranien-Nassau. Zuvor, im Jahr 1646, war ihre ältere Schwester Luise Henriette Gemahlin des Kurfürsten Friedrich Wilhelm von Brandenburg geworden.

Folglich lehnte Henriette Katharina eine unstandesgemäße Eheverbindung, wie sie ihr Sohn eingehen wollte, strikt ab. Wenn herauskam, was der Erbprinz vorhatte, würde das Fürstentum Anhalt-Dessau mitsamt seinen familiären Verästelungen zum Gespött des europäischen Hochadels werden. Das durfte nicht sein.

Wollte den Sohn von einer missliebigen Leidenschaft heilen: Fürstin Henriette Katharina von Anhalt-Dessau (1637 bis 1708).

Wieder überflutete die Regentin eine Welle des Zorns. Hätte Leopold wie andere Herren von Stand diese Apothekerstochter nicht einfach in sein Bett holen können? Schließlich pflegten auch andere Adelsherren Umgang mit bürgerlichen Frauen, ohne sie gleich zu ehelichen. Aber ihre diesbezüglichen

Rüffel nahm der Erbprinz weder zur Kenntnis noch hielt er es für wert, sich darüber auszutauschen. Vor Wut hätte Henriette Katharina am liebsten die samtenen Vorhänge heruntergerissen, aber sie bezwang sich. Von Neuem kreisten ihre Gedanken darum, was zu tun sei. Allmählich atmete die Fürstin ruhiger, als fiele mit jedem Luftholen eine Zentnerlast von ihren Schultern. Nun: Es schien eine Lösung für den unerspießlichen Sachverhalts zu geben. Eigentlich brauchte sie nur das, was sich ohnehin zutragen sollte, ins Werk zu setzen. Sie würde den Erbprinzen auf die *Grand Tour* schicken. Allerdings nicht erst im nächsten Jahr, sondern umgehend.

In Italien gab es jede Menge Weiblichkeit, die Reisende mit ihrer Gunst freizügig beglückten. Für amouröse Vergnügungen standen diesen Dirnen, verheiratete Frauen und sogar die Nonnen zur Verfügung. Im Süden würde der Erbprinz reichlich Gelegenheit finden, sich die Hörner abzustoßen und seine »Anneliese«, wie er die Tochter des Hofapothekers Rudolf Föhse nannte, vergessen.

Nach diesen Überlegungen kehrte Henriette Katharina dem Fenster den Rücken zu und schritt zu der Kordel, die neben dem verschnörkelten Schreibtisch von einem Baldachin herabhing. Ein misstönendes Scheppern erklang, als sie daran zog. Innerhalb der nächsten Atemzüge erschien ein Lakai im Audienzzimmer, der den Auftrag erhielt, er solle Baron Chalisac holen ...

Im November 1693 trat Erbprinz Leopold von Anhalt-Dessau im Alter von 17 Jahren unter dem Namen Graf von Waldersee die *Grand Tour* nach Italien an. Begleitet wurde er von seinem Hofmeister Baron Chalisac, dem Rat Georg Hermann sowie den Bediensteten Tallet, Toussain, Philipp und Kaiser.

*Leopold I. (1676 bis 1747),
seit 1698 Fürst von Anhalt-Dessau.*

Eine *Grand Tour* (auch *Kavalierstour*) galt traditionell als Abschluss der Erziehung junger Adliger, um ihnen den letzten Schliff zu geben, und darüber hinaus als Einführung in die europäische Aristokratie. Hierbei sollten ihre höfischen Umgangsformen verfeinert, das Erlernen fremder Sprachen gefördert, Kenntnisse im Festungsbau und in der Fechtkunst erworben, sowie Verbindungen zu Königshäusern und Fürstenhöfen geknüpft werden. Meist betrachteten die Reisenden die Bildungstour freilich eher als Vergnügungsfahrt mit höfischen Festen, Hasardspiel, Zechgelagen und amourösen Abenteuern.

Die Reise des Grafen von Waldersee führte zunächst nach Venedig, dann zur Osterzeit 1694 nach Rom, wo man sich mehrere Monate aufhielt. Zwischendurch besuchten die Reisenden Neapel, dann ging es nach Florenz, Genua und Turin. Abgesehen von den amourösen Vergnügungen hielt sich das Entzücken für den Bildungskanon bei Leopold in Grenzen. Die anfangs erträgliche Beziehung zu seinem Hofmeister Chalisac mündete bald in Unstimmigkeiten. Als ihn der Baron einmal wegen unzulänglicher Manieren rügte, explodierte der Prinz wie ein Pulverfass, dem man sich unvorsichtigerweise mit einer Lunte genähert hatte. In seiner Rechten lag plötzlich eine doppelläufige Pistole, deren Laufmündungen drohend auf die Stirn des Barons zielten. Jeden Augenblick konnten sie ihr tödliches Blei ausspeien. Ein paar Atemzüge lang schien es so, als wolle der Prinz die Stecher tatsächlich durchziehen. Aber dann besann er sich und ließ die Faust mit der Waffe sinken. Am Ende der Tour geschah für den anhaltischen Prinzen doch noch Bedeutsames. In Turin begegnete er erstmals jenem Mann, der fortan seinen Werdegang beeinflussen sollte: Prinz Eugen von Savoyen. Dem in österreichisch-habsburgischen Dienst stehenden Feldmarschall ging der Ruf voraus, der fähigste Heerführer des Okzidents zu sein. Anfang 1695 ahnte freilich noch keiner von beiden etwas davon, dass sie elf Jahre später im Spanischen Erbfolgekrieg eben hier gemeinsam ein französisches Heer zu Paaren treiben würden.

Nach dem Besuch in Turin begab sich der Prinz mit seiner Begleitung in die Habsburgerresidenz

Wien, um den Angehörigen des Kaiserhauses seine Aufwartung zu machen. Als die Reisenden Ende Februar 1695 wieder nach Dessau zurückkehrten, waren 15 Monate ins Land gegangen. Doch wenn Henriette Katharina vielleicht gehofft hatte, dass ihr Sohn während seiner Abwesenheit zu der Einsicht gelangt wäre, seine unstandesgemäßen Pläne zu überdenken, so sah sie sich getäuscht. Schon unmittelbar nach seiner Ankunft fand er wieder den Weg zu Rudolf Föhses Apotheke, die sich im Eckhaus der Zerbster in die Böhmische Straße befand, um dessen Tochter Anna Luise zu besuchen. Die Apothekerstochter steckte ihm nach wie vor im Blut.

*Prinz Leopold begrüßt Anna Luise Föhse
vor der elterlichen Apotheke in Dessau.*

In der Folgezeit waren sowohl Henriette Katharina als auch Leopold vollauf damit beschäftigt, ihre jeweiligen Vorstellungen in die Tat umzusetzen. Der Erbprinz des Fürstentums Anhalt-Dessau beabsichtigte gegen jede Hofetikette, die bürgerliche Apothekerstocher Anna Luise Föhse zu ehelichen, und die Regentin wollte genau dies verhindern. Und bei alledem schien sich auch noch ein Schleier über ihre Blicke zu senken für das, was darüber hinaus in der fürstlichen Residenzstadt geschah. Denn ebenda huschte wie eine Natter jenes Unheil heran, das den Lauf des Geschehens zusätzlich belasten sollte.

1697 kam ein junger Mediziner nach Dessau zurück, der im holländischen Leyden eben den Doktorgrad erworben hatte. Als Verwandter der Familie Föhse hielt sich Johann Heinrich Grätz gelegentlich auch im Apothekerhaus auf. Erbprinz Leopold schenkte den Besuchen zunächst keine Beachtung, aber das sollte sich ändern.

Als Leopold später bei einem Empfang den Sohn des fürstlichen Forstverwalters Georg Grätz kennenlernte, begann sogleich ein Gefühl der Abneigung gegen diesen in ihm zu keimen. Der junge Mediziner war zweifellos ein Mann von gediegener Gelehrtheit, wirkte aber trotzdem nicht so überfeinert wie die meisten jungen Leute am Fürstenhof. Überdies sah er blendend aus.

Die anwesenden Hofdamen fesselte Johann Heinrich Grätz mit seinem unergründlichen Lächeln. Für sie stand der junge Mediziner in allem, was er zur Geltung bringen konnte, im krassen Gegensatz zu dem raubauzigen und zum Jähzorn neigenden Erbprinzen. Keine Hofdame konnte sich seinem Bann entziehen. Sicherlich hätte so manche eine Menge dafür gegeben, ihn in ihr Bett zu bekommen ...

Die Tatsache, dass der Mediziner häufig im Haus des Apothekers verweilte, war bald auch von Leopold nicht mehr zu übersehen. Er schöpfte Verdacht.

Was war, wenn dieser Lazarettmedikus sich mit dem gleichen Ziel dorthin begab wie er selbst? Ja, so musste es sein: Die schöne Anna Luise war der eigentliche Anlass für die Besuche des subalternen Feldschers im Haus der Familie Föhse ... Wie ein Falke stieß die Vermutung auf den Erbprinzen herab. Fortan wallte das Blut in seinen Adern, wenn er den Namen Grätz nur hörte. In dem Erbprinzen von Anhalt-Dessau grollte die Eifersucht wie ein nahendes Gewitter. Und dass dieses ausbrechen würde, war so sicher, wie ein Schlosslakai einmal am Tag furzt. Die Frage schien nur zu sein, wann.

Zu Weihnachten 1697 nahm das Unheil seinen Lauf. Als sich Leopold am dritten Feiertag zu einem Besuch dem Apothekerhaus näherte, musste er registrieren, dass Anna Luise und der vermeintliche Nebenbuhler vor der Tür plauderten – vertraulich miteinander plauderten! Die Eifersucht brachte sein Blut zum Brodeln. Der Prinz riss seinen Degen aus der Scheide und stürmte auf das Paar zu. Den Mediziner packte das Entsetzen, er flüchtete ins Haus. Doch das hätte er nicht tun sollen. Johann Heinrich Grätz rannte von einem Zimmer ins nächste, der Prinz mit der blanken Waffe in der Faust hinterher. Durch noch ein Zimmer und noch ein Zimmer ging die Hetzjagd. Aber irgendwann gab es kein Zimmer und keinen Ausweg mehr. Der Mediziner saß in der Falle wie ein gestelltes Wild. Schwer atmend, Auge in Auge standen sich die beiden Nebenbuhler gegenüber. In den Ohren des Prinzen rauschte das Blut, als würde eine riesige Sense durch reifes Getreide gezogen. Sein Degen schnellte nach vorn. Die Klinge drang Johann Heinrich Grätz in die Brust, drang ihm in den Hals, traf ihn noch einmal mitten in der Brust. Er war bereits tot, ehe er blutüberströmt zusammenbrach ...

Außer dass Henriette Katharina ihn eine Zeit lang bei der kurfürstlichen Verwandtschaft in Brandenburg verborgen hielt, hatte der Mord für den Erbprinzen keine weiteren Folgen. Johann Heinrich Grätz wurde am 1. Januar 1698 unter großer Anteilnahme der anhaltischen Bevölkerung auf dem Spittelgottesacker beigesetzt.

Fünf Monate später, am 13. Mai 1698, übernahm Leopold I. mit Pomp und Pracht aus den Händen seiner Mutter vollgültig die Regierungsgeschäfte des Fürstentums Anhalt-Dessau. Nur vier Monate darauf heiratete er trotz des nach wie vor bestehenden Widerstands seiner Mutter die unadlige Bürgerstochter Anna Luise Föhse.

Anna Luise Föhse (1677 bis 1745), ab 1701 Reichsfürstin von Anhalt.

In den nächsten drei Jahren betrieb Leopold I. beharrlich die Aufnahme seiner Gemahlin in den Adelsstand. 1701 traf dann auch wirklich die kaiserliche Urkunde in Dessau ein, die Anna Luise zur Reichsfürstin von Anhalt erhob. Damit stand sie im Rang nun sogar höher als ihr Gemahl. Im Verlauf ihrer Ehe gebar sie dem anhaltischen Fürstenhaus fünf Prinzen und fünf Prinzessinnen. Die Erhebung seiner »Anneliese« kostete Leopold I. die nicht unbeträchtliche Summe von 92 000 Talern. Dieser Titelkauf wurde im Übrigen zur Richtschnur für all jene anhaltischen Fürsten, die ihre Mätressen legitimieren wollten.

Für Fürst Leopold von Anhalt-Dessau indes begann der Aufstieg zu einem der fähigsten Heerführer des 18. Jahrhunderts. Im Gegensatz zu seinen ebenfalls begabten Söhnen hieß er jetzt der »*Der Alte Dessauer*«. Nachdem ihm bereits als Zwölfjähriger das Kommando über das Regiment zu Fuß Diepenthal übertragen worden war, übernahm er im August 1693 von seinem Vater Johann Georg das preußische Infanterieregiment Nr. 3. Seit 1701 war er zudem Gouverneur von Magdeburg, der stärksten preußischen Festung.

Aber der Dessauer galt nicht nur als er einer der tüchtigsten Feldherren seiner Zeit, sondern auch als berüchtigter Exerziermeister. Blinder Gehorsam bildete für ihn die Grundlage einer jeden Gefechtstaktik. Die von ihm geführten Regimenter und später die gesamte preußische Armee wurden nach einem bis ins Detail festgelegten Exerzierreglement gedrillt. Waffenbeherrschung, taktische Richtungsänderungen, Feuergeschwindigkeit – all das mussten die Füsiliere und Grenadiere eisern üben. Stunde um Stunde, Tag für Tag, bis zur Stumpfsinnigkeit. Ungebührliches Verhalten zog drakonischen Strafen nach sich. Bei aller Rücksichtslosigkeit, was Zucht und Drill betrafen, zeigte sich der Dessauer gegenüber militärischen Neuerungen und Verbesserung stets einsichtig. So führte er in der preußischen Armee den Gleichschritt sowie anstelle des häufig zerbrechenden hölzernen den eisernen Ladestock für die Vorderladergewehre ein, was den komplizierten Ladevorgang beschleunigte. Mit diesen und weiteren Maßnahmen schuf er die Voraussetzungen für die späteren Waffenerfolge und den Aufstieg Preußens zur europäischen Großmacht.

Leopold von Anhalt-Dessau in der Schlacht bei Turin im Jahr 1706.

Im Spanischen Erbfolgekrieg verhalf die Standhaftigkeit des Infanterieregiments Nr. 3, auch das *Anhaltische Regiment* genannt, mit Fürst Leopold an der Spitze 1703 bei Höchstädt dem inzwischen legendenumwobenen Prinz Eugen zum Sieg. Ähnliches wiederholte sich 1706 bei Turin in Norditalien. Sechs Jahre später erfolgte seine Ernennung zum preußischen Generalfeldmarschall.

Mit seinem letzten und bedeutendsten Sieg im Dezember 1745 in der verlustreichen Winterschlacht bei Kesselsdorf entschied der derweil im siebten Lebensjahrzehnt stehende *Alte Dessauer* den Zweiten Schlesischen Krieg zugunsten Preußens. Zwei Jahre später starb er.

Die »Betsäule« muss sterben

IM AUDIENZSAAL DES Dresdner Residenzschlosses starrte Oberst von Penzig den Kurfürsten an, als habe er sich verhört. Denn an diesem Morgen des 3. September 1727 sprach August der Starke von nichts Geringerem als von einem Mord. Er sprach von einem Komplott, dem die Kurfürstin Christiane Eberhardine auf Schloss Pretzsch zum Opfer fallen solle.

Der für den heutigen Tag geplante Giftmord müsse verhindert werden. Damit war für August den Starken dieses unerfreuliche Problem abgetan. Ein Wink der Kurfürstenhand wedelte den Befehlshaber der zweiten Kornette der kurfürstlichen Chevaliergarde hinaus. Oberst von Penzig legte den angewinkelten rechten Arm vor die Brust, verneigte sich eckig und wankte wie betäubt aus dem kurfürstlichen Audienzsaal. Auf dem Parkett des Vorsaals schnappte er erst einmal nach Luft. Dann jedoch, während seine Schritte von den Wänden der langen Flure widerhallten, die zu den Diensträumen der Chevaliergarde führten, sann er bereits über die Erledigung des kurfürstlichen Befehls nach.

Oberst von Penzig befahl zwei Trabanten der Chevaliergarde zu sich, beide im Rang eines Sousbrigadiere. Die Gardisten nahmen vor ihrem Befehlshaber Haltung an, die Suprawesten mit dem eingestickten Ordensstern und die Goldtressen blitzen um die Wette, die weißen Federn an den Hüten in der Armbeuge wippten. Die Gardisten erhielten Order, sich unverzüglich nach Pretzsch am Rand der Waldungen der

Dübener Heide zu begeben. Dass dort seit über zwei Jahrzehnten Christiane Eberhardine, die Gemahlin des Kurfürsten Friedrich August I. von Sachsen, eigenständig Hof hielt, wussten sie selbst. Die ihnen erteilten Instruktionen lauteten, auf Schloss Pretzsch an der Elbe einen Giftmord zu vereiteln. Dann händigte Oberst von Penzig den Gardisten den Verhaftungsbefehl für eine Zofe der Kurfürstin aus. Zum Schluss wies er sie an, dass sie reiten müssten, als säßen ihn sämtliche Gehörnten der Hölle im Nacken. Andernfalls sei ihnen nicht nur ein schwerer Rüffel sicher, sondern auch alles umsonst gewesen ...

Christiane Eberhardine (1671 bis 1727), Kurfürstin von Sachsen.

Nachdem Oberst von Penzig sich davon überzeugt hatte, dass die Gardisten auf schnellen Rossen davonjagten, atmete er auf. Dass die Mission der Gardisten einen ganz anderen Verlauf nehmen sollte, als er und seine Weisungsberechtigten sich das vorstellten, konnte er zu diesem Zeitpunkt nicht ahnen.

Die Gardisten jagten, von Dresden aus der Elbe stromabwärts folgend und in regelmäßigen Abständen die Pferde wechselnd, in gestrecktem Galopp nach Pretzsch. Während sie die Pferde zur höchsten Eile antrieben, dachten sie nur an eines: so schnell wie möglich den Zufluchtsort der Kurfürstin, die allerorten die *Betsäule Sachsens* genannt wurde, zu erreichen. Die Gardisten wussten nicht, wie viel Zeit inzwischen vergangen war. Aber sie registrierten, dass ihr Ritt bald zu Ende sein würde. Denn schon breitet sich vor ihnen das Sumpfgelände aus, das dem Pretzscher Schloss wie ein dunkelgrüner Kessel vorgelagert war. Wenn sie das ausgedehnte Gebiet umritten, würde viel Zeit vergehen. Doch ihre Zeit war knapp bemessen. Deshalb hatte man ihnen gesagt, dass es zwischen den Sumpfstellen einen Pirschpfad gäbe, der geradewegs zum Schloss führte. Für jemand, der keine Ortskenntnis besaß, war ein Ritt durch das sumpfige Grün freilich so gefährlich, als stünde er neben einem Nest voll Giftschlangen. Denn wer vom Pfad abkam, wurde von dem Bodenschlick unweigerlich in die Tiefe gezogen und verschwand auf Nimmerwiedersehen.

Zunächst gelangten die Gardisten noch zügig voran, doch bald war der streckenweise mit Holzknüppeln belegte Pirschweg kaum noch passierbar. Als der Pfad plötzlich im rechten Winkel abbog, geschah es. Das vordere Pferd strauchelte über einen Holzknüppel, rutschte zur Seite und stak augenblicklich bis zum Bauch im morastigen Untergrund am Pfadrand fest. Doch es stak nicht nur im zähen Schlamm fest, sondern es sank, tiefer und tiefer. Der zweite Gardist, durch das qualvolle Gewieher des versinkenden Tieres von panischem Entsetzen ergriffen, zog die Zügel straff an, um sein Pferd zurückzuhalten. Doch das Tier bäumte sich verängstigt schnaubend auf, zerstampfte mit den Hinterhufen den Knüppelbelag und verlor gleichfalls jeden Halt. Das Pferd stürzte samt seinem Reiter in den Sumpf. Ein geräuschvolles Gurgeln und Schmatzen in der morastigen Brühe, dann waren sie verschwunden. Wenige Augenblicke später fand auch der andere Gardist mit seinem Pferd ein grässliches Ende. Jetzt gab es niemand mehr, der den Mordplan auf Schloss Pretzsch hätte verhindern können ...

Am Nachmittag dieses 3. September 1727 saß die Kurfürstin Christiane Eberhardine, wie sie es häufig tat, auf der Bank neben einer Linde (später »*Eberhardinenlinde*« genannt) im barocken Schlosspark in Pretzsch. Fast immer genoss sie dabei ein Stück ihrer geliebten Melonen, oft auch mehrere. Gleich würde ihr eine Zofe diese bringen.

Mehr als drei Jahrzehnte waren ins Land gegangen, seit die einzige Tochter des Markgrafen Christian Ernst von Bayreuth den späteren sächsischen Kurfürsten Friedrich August I., der den Beinamen *der Starke* trug, geheiratet hatte. Und fast ebenso lange lebte sie nun schon im freiwilligen Exil auf Schloss Pretzsch. Anfangs schien dem starken August der Umgang mit seiner Frau durchaus Vergnügen bereitet zu haben. Er mochte ihren weißer Teint und ihre blonden Haare. Doch schon bald sollte er jegliches Interesse an ihr verlieren. Die Geburt ihres gemeinsamen Sohnes Friedrich August (II.) erfolgte erst über drei Jahre nach der Vermählung. Zur gleichen Zeit sah im Übrigen auch Aurora von Königsmarck, eine der offiziellen Mätressen des starken August, ihrer Entbindung entgegen.

Schloss Pretzsch an der Elbe.

Obwohl das Mätressenwesen ein Bestandteil jeder fürstlichen Hofhaltung war, fand Christiane Eberhardine die amourösen Ausschweifungen ihres Gemahls – und denen schenkte August der Starke fürwahr Aufmerksamkeit – eher widerwärtig. Als gute Protestantin verabscheute sie die ständigen Verstöße gegen das Sakrament der Ehe. Außer der Königsmarck, mit der sie erstaunlicherweise zurechtkam, spreizten sich Augusts Mätressen und Gespielinnen in ihr fest wie ein Haken im Fisch, der zeit ihrer Ehe nicht herausgezogen werden konnte.

Folglich gab es neben der Frivolität am Dresdner Hof für Christiane Eberhardine noch einen Grund, der sie bestärkt hatte, sich freiwillig in die Abgeschiedenheit auf Schloss Pretzsch zurückzuziehen – eben ihre Religiosität. Um nämlich König von Polen werden zu können, war August der Starke und mit ihm der sächsische Hof im Juni 1697 zum Katholikentum konvertiert. Die Landesherrin indes lehnte einen Religionswechsel strikt ab. Das Festhalten am lutherischen Glauben erhöhte nicht nur ihr Ansehen immens, sondern brachte ihr zudem von den Protestanten den ehrenden Beinamen die *Betsäule* ein.

Arm wie eine Kirchenmaus war sie nach ihrem Rückzug auf Schloss Pretzsch freilich nicht. Ganz im Gegenteil, sie verfügte über eine üppige Apanage und reichlich Personal. Hinzu kamen immense Bezüge aus anderen Einnahmequellen. Christiane Eberhardines Hofhaltung in Pretzsch war nicht nur kostspielig, sondern verschwenderisch. Zu ihrem Hofstaat zählten annähernd 200 Bedienstete, für die um das Schloss herum Kavaliershäuser entstanden. Im Marstall standen 50 Rassepferde, in den Remisen eine ebensolche Zahl an Karossen, Kaleschen und Chaisen, eine prunkvoller als die andere. Gemäß ihrem Stand fuhr die Kurfürstin meist nur sechsspännig aus.

Allerdings war es nicht ihr Hang zur Verschwendung, sondern ihre Unbeugsamkeit gegenüber dem Katholikentum, der bei August dem Starken für Entrüstung sorgte. Als Christiane Eberhardine schließlich auch der Taufe ihres ersten Enkelkinds fernblieb, weil sie als Protestantin keiner katholischen Zeremonie beiwohnen wollte, vermochte der Kurfürst seine Wut nicht länger zu zügeln. Er musste sie endlich loswerden, egal, wie das geschehen sollte. Die *Betsäule* muss sterben! So jedenfalls deuteten Augusts Vertraute, vor denen er seinem Unmut Luft verschaffte, den kurfürstlichen Entschluss. Umgehend planten sie einen Giftmord. Und da August kein Zeichen gab, den Mordplan vom Tisch zu fegen, schien er wohl damit einverstanden zu sein. So war als Termin des Giftmords der 3. September 1727 bestimmt worden. Ausführen sollte ihn eine Zofe, die hierfür erkleckliches Blutgeld erhalten hatte.

Am Morgen des festgesetzten Tages ergriff dann jedoch Reue von August Besitz. Zwei Trabanten der Chevaliergarde wurden von Dresden nach Pretzsch gehetzt, um die Übeltat zu verhindern. Indem die Berittenen jedoch versuchten, den Weg abzukürzen, gerieten sie in einen Sumpf und kamen um.

Am Nachmittag des 3. September 1727 reichte die gedungene Zofe der Landesherrin ihre geliebten Melonenstücke mit Zucker. Zu den vergifteten Leckerbissen trank Christiane Eberhardine Milch. Als sie sich nach dem Genuss mit einem Spitzentuch die Mundwinkel abtupfte, stellten sich bei ihr bereits Schmerzen ein, die permanent zunahmen. Hofrat Berger, ihr Leibarzt, konnte ihr keine Linderung verschaffen. Am folgenden Tag musste Johann Balthasar Mathesius, der Ortspfarrer von Pretzsch, gerufen werden.

Die Kurfürstin von Sachsen wurde am 6. September 1727 in der Pretzscher Stadtkirche beigesetzt. Zu ihrer Beisetzung erschienen weder August der Starke noch ihr Sohn.

... und noch mehr Mord und Totschlag

WIE EIN SCHWARZES Tuch hing die Dunkelheit über dem Tal der Selke im Harz. In dieser Julinacht des Jahres 1090 geisterte der Mond nur selten durch die Wolken. Besser hätten es die Dienstleute der Äbtissin von Quedlinburg, die auf die Lehmmühle unter dem Großen Hausberg zuschlichen, wahrhaftig nicht treffen können.

An den Bäumen entlang, welche den Fahrweg säumten, tappten die Häscher durch die Nacht. Es war so dunkel, dass sie die tief eingegrabene Wagenspur kaum erkennen konnten. Sie kamen ohne Pferde. Ihre Reittiere hatten sie vorher zurückgelassen. Plötzlich streckte der Kastellan der Quedlinburg den Arm aus und hinderte den nachfolgenden Dienstmann am Weitergehen. Auch die anderen blieben stehen. Der Kastellan hielt den Atem an. War da nicht ein Geräusch gewesen? Er lauschte in die Dunkelheit. Kein Geräusch, es blieb alles still. Der Kastellan stieß die angehaltene Luft aus, als sei ihm ein Mühlstein von den Schultern gefallen. Aber eigentlich gab es ja keinen Grund zur Besorgnis. Niemand von den Strolchen in der Selkemühle mutmaßte die tödliche Gefahr, in der sie schwebten. Sicherlich waren sie so sehr mit ihrem Umtrunk beschäftigt, dass sie das Anpirschen der Stiftsleute nicht einmal bemerken würden. Mit einem Zischlaut gab er den Verharrenden zu verstehen, dass es weiterging.

Dann endlich, nach geraumer Zeit, tauchten die Umrisse der Selkemühle aus der Finsternis auf. Hätten sich die Fenster darin nicht als helle Quadrate abgezeichnet, hätten selbst die schärfsten Augen sie nicht erspäht. Was sie indes hörten, bestätigte ihre Vermutungen: Aus der Mühlstube tönte Grölen und Gelächter. Ja, sie hockten da drinnen zusammen und soffen, der Geächtete und seine Begleiter ...

*Schickte Häscher aus: Adelheid II.,
seit 1063 Äbtissin des Reichsstifts Quedlinburg.*

Schon zweimal hatte den Markgraf von Meißen durch ein Fürstengericht die Acht getroffen: Zunächst im Jahr 1086 in Weimar, zuletzt 1088 in Quedlinburg. Diesen Empörer jagten die Häscher aus Quedlinburg und einige Gefolgsleute Heinrichs von Wettin, um ihn zu töten.

Im fehdereichen Mittelalter kein außergewöhnliches Phänomen: Mord und Totschlag.

Trotz Blutsverwandtschaft zum salischen Kaiserhaus stand Ekbert II. in erbitterter Gegnerschaft zu Heinrich IV. und damit zur Äbtissin von Quedlinburg. Adelheid II. war eine Halbschwester des Kaisers. Seit nunmehr anderthalb Jahrzehnten begehrte Ekbert gegen den Salier auf, teils im Verbund mit der sächsischen Adelsopposition, teils auf eigene Faust. Was seinen Untergang besiegelte, war der Umstand, dass er im Jahr 1088 Bischof Burchard von Halberstadt umgebracht und dessen Sprengel verwüstet hatte. Heinrich IV. erklärte ihn daraufhin nicht nur aller seiner Güter, sondern auch des Kopfes für verlustig. Für den Brunonen begann eine Jagd auf Leben und Tod. Zuletzt fand Ekbert Zuflucht im Harz. So kehrte er denn auch am 3. Juli 1090 mit drei Begleitern, nachdem sie sich zuvor in der Waldeinsamkeit verirrt hatten, in der abgelegenen Lehmmühle an der Selke ein. Die Mühle lieferte Ziegel für das Bauvorhaben auf dem Großen Hausberg über dem Selketal, wo eine ansehnliche Burg entstand. Da in der Mühle kein Wein vorrätig war, musste der Müller einen Burschen ins nächste Dorf schicken, um für die Ankömmlinge welchen zu holen. Aber zu den Unannehmlichkeiten des Brunonen gesellte sich nun das Pech. Denn der Mühlbursche lief geradewegs den ausgeschickten Häschern vor die Pferdehufe und berichtete jenen von den Gästen des Selkemüllers. Die Dienstleute der Äbtissin halfen ihm nicht nur, Wein herbeizuschaffen, sondern unterwiesen ihn auch, wie er sich bei seiner Rückkehr verhalten solle ...

Wieder tastete der Kastellan hinter sich und zwang die Stiftsleute, stehen zu bleiben. Flüsternd gab er seine Befehle. Je drei Zweiergruppen sollten die Flanken und die Rückseite der Gebäude decken. Alles das hatten sie schon vorher verabredet. Die Dunkelheit umschloss die Davonhuschenden wie eine zähe Masse. Mit acht Bewaffneten wollte der Kastellan die Mühle stürmen. Die Wartezeit wurde zur Geduldsprobe. Noch immer tönte Lärm aus der Mühlstube. Dann endlich kam der Ruf der Eule, einmal, noch einmal. Der Kastellan setzte sich in Bewegung. Die Empörer fühlten sich so sicher, dass sie auf einen Posten verzichtet hatten. Noch immer ahnten sie nicht, dass sie in dieser Nacht sterben würden. Dann ging alles ganz schnell.

Ein Hund schlug an. Während ein Dienstmann ihn gewaltsam zum Schweigen brachte, trat ein anderer die Tür ein. Mit verdutzten Augen schauten die vier am Tisch sitzenden Männer den Bewaffneten entgegen, die wie eine Sturzflut in die Mühlstube brachen. Für zwei von ihnen kam der Tod, bevor ihre Überraschung verebbt war. Gleich darauf strömte auch dem dritten Begleiter des Geächteten das Blut aus mehreren Wunden. Nur Markgraf Ekbert, der in den Jahren des Widerstands gegen Heinrich IV. gelernt hatte, mit Überraschungen fertig zu werden, suchte sich seiner Haut zu erwehren. Wie hingezaubert hielt er von einem Augenblick zum nächsten das Schwert in der Faust. Die nackte Klinge fuhr einem der Häscher unterhalb des Brustharnischs in den Leib. Der Dienstmann sackte wie ein gefällter Baum zu Boden. Aber noch ehe er das Schwert aus dem Körper des Toten winden konnte, stürzten mehrere Häscher heran und hackten mit ihren Blankwaffen auf ihn ein. Einige Atemzüge später wälzte sich der Geächtete vor ihnen in seinem Blut. Mit Ekbert II. erlosch das Grafenhaus der Brunonen ...

Ja, die Herren im Land zwischen Altmark und Unstrut waren seit jeher wenig zartbesaitet gewesen. Sehr viele waren Mörder, Ehebrecher, Despoten und zu jeder Schandtat bereit, wenn für sie ein Vorteil heraussprang. Fast immer ging es um Macht und Besitz, selten um religiöse Anwandlungen.

Wenn es angebracht erschien, sich unliebsame Nebenbuhler vom Hals zu schaffen, schreckte keiner der Herren von Geblüt vor Mord und Totschlag zurück. Seit dem Massaker in der Grafenburg von Geronisroth im 10. Jahrhundert nahmen die Konflikte, die solcherart eine Lösung fanden, immerfort zu. Und auch die Ermordung des Markgrafen Ekbert II. im Jahr 1090 in der Selkemühle setzte den Bluttaten kein Ende.

Nach der aufsehenerregenden Bluttat an der Unstrut floh Graf Ludwig II. später nicht minder spektakulär aus der Gefangenschaft – mit einem Sprung aus Burg Giebichenstein in die Saale.

Verrat und Ehebruch, gepaart mit einer vorsätzlichen Bluttat – so die Begebenheit, welche fünf Jahre vorher unweit Zscheiplitz (*Ortsteil von Freyburg*) an der Unstrut geschah und weithin Aufsehen erregte. Hier töteten 1085 gedungene Mörder den sächsischen Pfalzgrafen Friedrich III. mit einer Saufeder. Die Bluttat sollen der thüringische Graf Ludwig der Springer und Adelheid, Friedrichs heißblütige Gemahlin, angestiftet haben, die eine ehebrecherische Beziehung verband.

Eine Magd, die erfahren hatte, was das buhlerische Paar plante, versuchte noch, den Pfalzgrafen zu warnen. Aber auf dem Weg zu ihm brach sie erschöpft zusammen.

Sollte sich noch oftmals in blutige Händel verstricken: Albrecht der Bär (1100 bis 1170).

Die Gewappneten Albrechts des Bären, die am 15. März 1130 im Lindenhof in Aschersleben lauerten, wollten jene, die da kommen würden, nicht standesgemäß empfangen, sondern tot sehen. Ihre Schwertklingen warteten darauf, menschliche Gliedmaßen zu zerfetzen. Und ihr Augenmerk war besonders auf einen Ankömmling gerichtet – auf Graf Lothar Udo IV. von Freckleben. Bald darauf klirrten im Lindenhof Eisenklingen aufeinander und starben Männer. Graf Udo von Freckleben fiel nach einem Schwerthieb tot zu Boden. Für den Totschlag an den Freckleber würde Albrecht der Bär ein Sühnekreuz setzen müssen, aber bei seinem Streben nach der sächsischen Herzogswürde war er einen Widersacher los ...

Bibliografie

ASSING, H.: Die frühen Askanier und ihre Frauen, Bernburg 2002.
BOCK, K.: Heimatkunde des Kreises Neuhaldensleben, Neuhaldensleben 1920.
FELLMANN, W.: Prinzessinnen. Glanz, Einsamkeit und Skandale am sächsischen Hof, Leipzig 1996.
GRÖSSLER, H.: Führer durch das Unstruttal von Artern bis Naumburg für Vergangenheit und Gegenwart, Freyburg 1904.
HABERLAND, B.: Chronik der Stadt Alsleben an der Saale, Alsleben 1997.
HEINEMANN, O. v.: Albrecht der Bär. Eine quellenmäßige Darstellung seines Lebens, Darmstadt 1864.
LANDGRAF, W.: Heinrich IV. Macht und Ohnmacht eines Kaisers, Berlin 1991.
LEDEBUR, L. v.: Die Grafen von Valkenstein am Harze und ihre Stammesgenossen, Berlin 1847.
LORENZ, H.: Quedlinburgische Geschichte. Werdegang von Stift und Stadt Quedlinburg, Quedlinburg 1922.
STEPHAN, B.: Raubritter in Sachsen-Anhalt und ihre Burgen, Taucha 2000.
STEPHAN, B.: Katastrophen in Sachsen-Anhalt, Taucha 2005.
STEPHAN, B.: Sachsen-Anhalts böse Weiber, Taucha 2007.
STEPHAN, B.: Sachsen-Anhalts böse Kerle, Taucha 2007.
STEPHAN, B.: Minne, Mätressen und Mesalliancen. Sachsen-Anhalts schöne Frauen und ihre Affären, Jena und Quedlinburg 2008.

STEPHAN, B.: Geld oder Leben! Räuberbanden zwischen Harz, Oberlausitz und Erzgebirge, Jena und Quedlinburg 2010.
STRASSBURGER, E.: Geschichte der Stadt Aschersleben, Aschersleben 1905.